Arthur Richter

Die Psychologie des Plotin

Arthur Richter

Die Psychologie des Plotin

ISBN/EAN: 9783744651165

Hergestellt in Europa, USA, Kanada, Australien, Japan

Cover: Foto ©ninafisch / pixelio.de

Weitere Bücher finden Sie auf **www.hansebooks.com**

Die

Psychologie des Plotin.

Von

Dr. Arthur Richter.

Halle,
Druck und Verlag von H. W. Schmidt.
1867.

Vorwort.

Indem der Verfasser diesen neuen Theil seiner Schrift über Plotin wohlwollenden Lesern übergiebt, ist er in der Lage, die Durchführung und den Abschluss des ganzen Unternehmens in nicht zu langer Frist versprechen zu können. An die Metaphysik wird sich noch ein Heft schliessen, welches die Lehre von Geist und Natur behandelt, und auf die Psychologie wird ein Heft über Ethik folgen. Der Zweck aller Hefte ist, durch eine klare und übersichtliche Darstellung zum Verständniss dieser schwierigen Philosophie beizutragen.

Das Verhältniss Plotins zu seinen Vorgängern ist auch hier in's Auge gefasst worden. Es trat aber die Beschränkung ein, dass dasselbe nur soweit berücksichtigt ist, als Plotin selbst auf seine Vorgänger hinweist. Jeder einzelne Begriff konnte natürlich nicht in seiner ganzen Entwicklung in der hellenischen Philosophie behandelt werden. Es hiesse das nichts anders, als eine Geschichte der ganzen griechischen Philosophie aus dem Standpunkt eines Systems schreiben. Das lag aber nicht im streng abgegrenzten Arbeitsfelde des Verfassers, und er muss dafür auf die bekannten gediegenen Werke über Geschichte der griechischen Philosophie von Brandis, Zeller, Schwegler (die von Köstlin edirten Vorlesungen), Hegel u. a. m. verweisen. Wem es auf einzelne Parallelstellen ankommt, findet sie im III. Bd. der grossen Plotin-Ausgabe von Creuzer (Oxford, 1835). Was im Commentar von Bouillet Brauchbares steht, ist ebendaher genommen worden. — —

Um Missverständnissen zu entgehen, bemerkt der Verfasser noch, dass er sich nur von dem bleibenden Wahrheitsgehalt der Philosophie Plotins einen heilsamen Einfluss auf seine Tage verspricht.

dass aber auch dieser noch einer sehr bedeutenden Umbildung, Erweiterung, Vermittlung bedarf, um für unsre gegenwärtige Weltansicht fruchtbar werden zu können. Nicht von Plotin unmittelbar, sondern von den von ihm ausgehenden Anregungen, von den Entwicklungen seiner Keime und Ansätze wird das Gute erwartet. Gern würde der Verfasser diese Geistesarbeit noch mehr zu fördern suchen, wenn ihm die reine Beschäftigung mit der Wissenschaft gestattet wäre, oder er zur mündlichen Lehre der Philosophie Gelegenheit fände. — Sollten sich auch diese Hoffnungen des Einflusses auf die Gegenwart nicht bestätigen, so besitzt Plotin doch eine historische Bedeutung für seine Zeit, und in dieser Rücksicht bleibt die Beschäftigung mit ihm immer wichtig und eine Darstellung werthvoll.

Der Verfasser kann nicht umhin, indem er das Vorwort zu Nachträgen über die Literatur benutzt, noch einmal auf die Darstellung Plotins durch Hegel im XV. Bd. p. 37 ff. der Werke hinzuweisen Während er sich im Einzelnen oft weit genug von Hegel entfernt, kann er nur mit vollster Beistimmung das erwähnen, was dort im Allgemeinen zur Charakteristik Plotins gesagt ist. Mit dem Blicke des Genius hat Hegel das Wesentliche, den Kern, erfasst, Missverständisse und Missachtung mit einem Schlage beseitigt und auch hier bahnbrechend und anregend gewirkt. Andrerseits hatte Hegel gerade an seiner Genialität und Selbständigkeit eine Schranke für Auffassung des fremden Philosophen, die sich aber bei einer freien Bewegung Hegel gegenüber beseitigen lässt. Somit sprechen wir Hegeln weder unkritisch nach, noch lassen wir uns in den Aeusserlichkeiten seiner Methode gefangen nehmen, wohl aber benutzen wir die von ihm gegebenen Anregungen und Winke; das ist auf diesem Gebiete unsre Stellung zu Hegel. —

Schliesslich noch ein Wort Während die nachfolgenden Blätter niedergeschrieben wurden, hat ein grossartiger, volksthümlicher Kampf stattgefunden, der mit Nothwendigkeit alles Interesse von entfernten Zeiten auf die Gegenwart gelenkt hat. In diesem Kampfe sind geistige Kräfte entbunden worden, eine Tiefe und Wahrheit der Frömmigkeit, eine Macht der Intelligenz, eine sittliche Energie, die ihres Gleichen suchen, und die den Sieg davon getragen haben. In ihnen liegt die sichere Gewähr einer herrlichen, noch zukünftigen Kulturentwicklung unsres Volkes, die Bürgschaft, dass mit den gesammten geistigen Interessen auch der Wissenschaft noch eine reiche Blüthe gesichert ist. Ein Volk, das für Ideen kämpfen kann, kann auch in stiller Beschaulichkeit des Geistes sie durchdenken und erkennen, und so geben wir uns der Hoffnung hin, dass in diesem allgemeinen Geistesleben auch philosophische Studien der verschiedenen Richtungen, seien sie auch welche sie wollen, immer einen Kreis von Freunden finden werden. —

Halberstadt, den 26. September 1866.

Arthur Richter.

Inhalt.

Viertes Buch.
Die Psychologie des Plotin.
Vorbemerkungen und Uebersicht. ... 1

Erster Theil.
- Kap. I. Die menschliche Seele im Verhältniss zu den göttlichen Wesen, vorzugsweise zur Weltseele, zu den Seelen der Gestirne, der Natur und der Seele der Erde. ... 18
- Kap. II. Die Einheit der Seelen ... 29
- Kap. III. Das Herabsteigen der Seele in den Körper ... 36

Zweiter Theil.
Die Seele in zeitlich-räumlicher Erscheinung.
- Kap. I. Vom Wesen der Seele ... 45
  Kritik der materialistischen Ansichten vom Wesen der Seele ... 46
- Kap. II. Leib und Seele und die auf ihrem Verhältniss zum Körper beruhenden Thätigkeiten der Seele ... 61
- Kap. III. Die Thätigkeiten der Seele, die auf der sinnlichen Wahrnehmung beruhen: Gedächtniss, Einbildungskraft, Verstand, der endliche Wille ... 71
- Kap. IV. Das Verhältniss der Seele zur idealen Welt. Von Vernunft, Freiheit und Liebe ... 78

Dritter Theil.
Von der Unsterblichkeit der Seele und ihrem Zustande nach dem Tode ... 83

Viertes Buch.

Die Psychologie des Plotin.

Vorbemerkungen und Uebersicht.

Longinus ersuchte in einem uns noch aufbehaltenen Briefe den Porphyrius, ihm die Schriften Plotins, namentlich die Schriften über das Seiende und die Seele zukommen zu lassen, um dieselben eingehender studiren zu können [1]). Damit hat der alte Kritiker uns zugleich auf die hervorragendsten Theile und die bedeutendste Leistung der Philosophie des Plotin hingewiesen. Denn obwohl wir die Anregungen, die Plotin in der Theologie, Physik und Ethik gegeben hat, keineswegs zu unterschätzen haben, obwohl die daraul bezüglichen Schriften reich sind an geistvollen Gedanken, so bekundet Plotin doch seinen grössten Scharfsinn in der Erörterung der metaphysischen und psychologischen Probleme, und seine hier gewonnenen Resultate werden bleibenden Werth behalten. Seine Theologie und im Zusammenhange damit seine Ethik sind durch die Thatsachen und Lehren des Evangeliums in ihrer Unhaltbarkeit hingestellt worden. Der metaphysische, auf Abstractionen, denen Realitäten nicht entsprechen, beruhende Gottesbegriff Plotins kann weder das, einen lebendigen Gott bedürfende, religiöse Gemüth befriedigen, noch einem Denken genügen, das Realitäten erkennen will. Nicht die völlige Weltentsagung und Weltflucht, nicht ein mystisches, auf Täuschungen unklarer Gefühle beruhendes Schauen eines Gottes, der um seiner absoluten Transcendenz willen sich eigentlich aller Erkenntniss und allem persönlichen Verhältniss entzieht, kann höchste sittliche Lebensaufgabe sein. Noch mehr wie die Theologie und Ethik hat die Physik des Plotin an Werth ver-

---

[1]) Porphyrius: de vita Plotini cap. XIX.

loren, weil seine Naturerkenntniss nicht auf empirischer Forschung beruht und weil eine solche unmethodisch erworbene Wissenschaft keine Wahrheit enthalten kann. Anders verhält es sich mit seinen Untersuchungen über das Seiende und die Seele, in denen Plotin in gewisser Weise bereits methodisch verfährt. Die Unterscheidung und Vertheilung des Seienden in die drei grossen Gebiete des Sinnlich-Seienden, des in der Seele Seienden, des Ideal-Seienden und die Bestimmung desselben durch verschiedene Kategorien ist von durchgreifender Bedeutung sowohl für die Metaphysik, als für die Erkenntniss- und Wissenschaftslehre, indem jenen verschiedenen Arten des Seins verschiedene Methoden der Erkenntniss, verschiedene Grade der Gewissheit und ein verschiedener Gehalt der Wahrheit entsprechen. In gleicher Weise sind die Grundzüge der Psychologie des Plotin von bleibendem Werth [2]). Er selbst hat die Bedeutung der psychologischen Untersuchungen wohl erkannt, wenn er sagt [3]): Nichts verdient besser und sorgfältiger untersucht zu werden als das, was die Seele betrifft. Durch dieses Studium erkennen wir zwei Arten von Dingen; nämlich diejenigen, deren Princip die Seele ist, und die Principien, von denen die Seele ausgeht. Wir erfüllen, indem wir uns diesen Untersuchungen hingeben, die göttliche Vorschrift der Selbsterkenntniss. Dieser letztere Begriff muss hier freilich nicht in ethischem Sinne genommen werden. Zu bemerken ist gleich von vorneherein, dass Plotin sich mit seinen psychologischen Untersuchungen auf den Standpunkt der neuern Philosophie stellt, wenn er auf die Nothwendigkeit der Untersuchung des Erkenntnissvermögens und der Erkennbarkeit der Objecte hinweist [4]). So unterscheidet er zweierlei Fragen: Fragen, die gelöst werden können, und Fragen, bei denen man beim Zweifel stehen bleibt und als Frucht der Nachforschung die Erkenntniss der Schwierigkeit oder Unmöglichkeit der Lösung davonträgt. Er sagt ferner: Ehe wir das Uebrige begreifen, müssen wir zuerst die Natur des Princips zu erkennen suchen, das diese Untersuchungen anstellt. — Die folgende Abhandlung hat die Aufgabe, die Psychologie des Plotin zu entwickeln. Eine Monographie über diesen Theil seiner Philosophie existirt bis jetzt in keiner Literatur, obwohl die Bedeutung

---

[2]) Steinhart: Melet. Plotin. p. 16. Nihil vero magis Plotinum occupat, quam ut animae naturam investigaret.
[3]) Enn. IV. lib. III. (XXVI. Kirchhoff) cap. 1.
[4]) Enn. IV. lib. III. (XXVI. Kirchhoff) cap. 1.

des Gegenstandes schon aus den Einwirkungen, die er gehabt hat, hinlänglich hervorgeht. Diese Einwirkungen lassen sich z. B. bei Augustin [5]), unter den Neuern in den einschlagenden psychologischen Schriften von J. H. Fichte [6]) nachweisen.
Suchen wir zuerst die Grenzen der Wissenschaft der Psychologie zu bestimmen. Die Grenzbestimmungen der Psychologie können nur aus ihrem Begriff folgen. Nach einer Definition derselben suchen wir aber wie im Alterthum überhaupt, so auch bei Plotin vergebens, ein Mangel, der sich übrigens auch in sehr vielen neuern Darstellungen der Psychologie bemerklich macht. Das Alterthum behandelte die psychologischen Probleme theilweise im Zusammenhange mit der Physik, theilweise im Zusammenhange mit der Ethik und hob somit gerade die Grenzbestimmungen auf, die wir zu ziehen beabsichtigen. Begründet als abgeschlossene Wissenschaft ist die Psychologie in der Philosophie des Plotin innerlich durch die dialectische Construction, welche im Begriff der ψυχή die Gegensätze des Sinnlichen und Idealen aufhob, äusserlich dadurch, dass Porphyrius eine Anzahl von Untersuchungen auf den gemeinsamen Grundbegriff der ψυχή bezog. Es genügt aber weder die Definition der Psychologie als der Wissenschaft von der Seele, noch ist das Material zur Ausführung der psychologischen Lehren allein in den von Porphyrius in der IVten Enneade zusammengestellten Schriften enthalten. Die Schwierigkeit der Grenzbestimmung der Psychologie beruht auf der Eigenthümlichkeit der Seelenlehre, dass von ihr aus Uebergänge in alle andern Wissenschaften möglich sind, weil die Seele mit Gott, Natur, mit Sitte, Wissenschaft und Kunst so zusammenhängt, dass ihre Theorie in die Behandlung dieser Gebiete hineingezogen werden kann, oder umgekehrt die Behandlung dieser Gebiete in ihre Theorie, und dass ebenso die Methoden jener Wissenschaften fälschlich auf die Erforschung der Seele angewandt sind. Auf den Begriffsbestimmungen der Psychologie können allerdings die der Ethik, Wissenschaftslehre und Aesthetik begründet werden, insofern aus der Idee der Seele das Gesetz für Ausübung ihrer Fähigkeiten und Thätigkeiten folgt, Ethik, Logik und Aesthetik aber eben von jenen Gesetzen zu handeln haben; es wird indessen doch immer auf Reinerhaltung der Psychologie und Ausscheidung aller

---

[5]) Bouillet: Les Enneades de Plotin Tome II. (1859) p. 588 ff. giebt Nachweisungen.
[6]) Anthropologie 2. Aufl. 1860. Psychologie I. Theil 1864.

fremdartigen Elemente zu halten sein. Als eine Definition nun von hinreichender Schärfe, um sowohl das Material zu finden, als um ungehörige Bestandtheile auszuscheiden, erscheint folgende: Psychologie ist die Wissenschaft von der Substanz und den Thätigkeiten der menschlichen Seele, bei der es sich nicht um die Theorie des Produkts dieser Thätigkeit, sondern um Ausübung der Thätigkeit handelt. Die Psychologie ist Wissenschaft der menschlichen Seele; hat also mit Erkenntniss der Weltseele, der Seelen der Dämonen, Gestirne, der Pflanzen- und Thierseele, mit der sich die alte Psychologie vielfach abmühte, nichts zu schaffen.

Die Psychologie als Wissenschaft von der Substanz der Seele scheidet alle der Naturwissenschaft angehörigen Untersuchungen über den Körper und dessen Funktionen, alle Physiologie und Anthropologie aus. —

Als Wissenschaft von der Ausübung der Fähigkeiten der Seele hat die Psychologie eine scharfe Grenze gegen alle der Religionswissenschaft angehörigen Untersuchungen über Schuld, Schicksal und Versöhnung, gegen alle ethischen Probleme, z. B. das Problem der Freiheit, gegen die Probleme der Wissenschaftslehre und Aesthetik. —

In der Darstellung von Kirchner [7]) sind diese Unterscheidungen nicht festgehalten worden.

Untersuchen wir ferner die Stellung der Psychologie im Umkreis der übrigen philosophischen Wissenschaften, so wird nach der Dialektik des Plotin diese Stellung durch das Verhältniss der Seele zu Gott und zur Natur bestimmt sein. Wir benutzen diese Gelegenheit zugleich, um den Nachweis zu führen, welche Schriften Plotins jeder der einzelnen philosophischen Disciplinen zugehören und um den Versuch zu machen, dieselben zwar nicht chronologisch, wohl aber nach innern, durch die Hauptbegriffe des Systems dargebotenen Beziehungen zu einer einigermassen zusammenhängenden Reihe der Untersuchungen zu verbinden. —

Der ganzen Darstellung haben wir vorangeschickt die Betrachtung des Buchs:

Περὶ θεωρίας (περὶ φύσεως καὶ θεωρίας καὶ τοῦ ἑνός).
Enn. III, 8 Porphyrius. XXVII. Kirchhoff,
weil in ihm eine Darstellung der Grundprincipien der Philosophie des Plotin enthalten ist.

---
[7]) Kirchner: die Philosophie des Plotin. 1857. p. 114 ff.

In der Metaphysik ist dann nachgewiesen worden, dass Plotin die Aristotelischen Eintheilungen des Seins in δύναμις und ἐνέργεια und in die 10 sogenannten Kategorien und die Platonische Eintheilung in das sinnliche und ideale Sein mit einander verknüpft, dass die Seele, ihrem Sein nach, aber eine mittlere Stellung zwischen dem sinnlichen Sein und dem idealen Sein einnimmt und den Gegensatz beider in sich aufhebt. Die Schriften, welche wir zur Metaphysik zu rechnen haben, sind:

περὶ τοῦ δυνάμει καὶ ἐνεργείᾳ. Enn. II, 5 Porphyrius. XXIV. Kirchhoff.

περὶ ποιότητος. Enn. II, 6 Porphyrius. XVII. Kirchhoff.

περὶ τῶν γενῶν τοῦ ὄντος. Enn. VI, 1—3 Porphyrius. XXXIX Kirchhoff.

περὶ οὐσίας ψυχῆς δεύτερον. Enn. IV, 2 Porphyrius. IV. Kirchhoff.

Der innere Zusammenhang ist nachgewiesen worden. —

Der bereits in der Metaphysik angedeutete dialektische Gegensatz einer idealen und sinnlichen Welt wird durch die beiden Wissenschaften, die Theologie und die Physik, welche nicht die allgemeinen Bestimmungen des Seins, sondern die besondern realen Wesen behandeln, die in die getrennten Daseinsgebiete fallen, weiter ausgeführt. —

Um zunächst die zur Theologie gehörigen Schriften zu ordnen, müssen wir zwischen einem allgemeinen und einem besondern Theile derselben unterscheiden. Der allgemeine Theil entwickelt, neben den Grundzügen der Lehre von den drei göttlichen Wesen, die ideale Welt als Gedanke, Freiheit, Schönheit; der besondere Theil umfasst die Theorie der drei göttlichen Wesen: des Einen, der Vernunft, der Weltseele im Einzelnen.

Zum allgemeinen Theil gehören folgende Schriften:

περὶ τῶν τριῶν ἀρχικῶν ὑποστάσεων. Enn. V, 1 Porphyrius. X. Kirchhoff.

Das Buch enthält in einer Art Construction vom Gesichtspunkt der Angabe des Verhältnisses der menschlichen Seele zur idealen Welt eine zusammenfassende Uebersicht über die hauptsächlichsten in die Theorie der idealen Welt einschlagenden Begriffsbestimmungen. Hieran kann als eine Art Anhang gereiht werden:

ἐπισκέψεις διάφοροι. Enn. III, 9 Porphyrius. XIII. Kirchhoff, eine Abhandlung, welche verschiedene kurz hingeworfene und theilweise später weiter ausgeführte Gedanken über Seele, Vernunft und das Eine enthält.

Inwiefern die ideale Welt Gedanke ist, wird behandelt in den Schriften:
περὶ τοῦ τὸ ἐπέκεινα τοῦ ὄντος μὴ νοεῖν· καὶ τί τὸ πρώτως νοοῦν καὶ τί τὸ δευτέρως. Enn. V, 6 Porphyrius. XXIII. Kirchhoff; περὶ τῶν γνωριστικῶν ὑποστάσεων καὶ τοῦ ἐπέκεινα. Enn. V, 3 Porphyrius. XLIII. Kirchhoff, eine Abhandlung, die übrigens auch in der Psychologie zu berücksichtigen ist. —

Von der idealen Welt als Schönheit handelt:
περὶ τοῦ νοητοῦ κάλλους. Enn. V, 8 Porphyrius. XXVIII. Kirchhoff.

Von der Freiheit in der idealen Welt ist die Rede im Buche:
περὶ τοῦ ἑκουσίου καὶ θελήματος τοῦ ἑνός. Enn. VI, 8 Porphyrius. XXXVI. Kirchhoff.

Die Herleitung der göttlichen Principien auseinander behandeln die Schriften:
πῶς ἀπὸ τοῦ πρώτου τὸ μετὰ τὸ πρῶτον καὶ περὶ τοῦ ἑνός. Enn. V, 4 Porphyrius. VII. Kirchhoff.
περὶ γενέσεως καὶ τάξεως τῶν μετὰ τὸ πρῶτον. Enn. V, 2 Porphyrius. XI. Kirchhoff.

Der besondere Theil umfasst die Theorie der drei göttlichen Wesen im Einzelnen. —

Auf die Theorie des Einen und Guten beziehen sich die Bücher:
περὶ τἀγαθοῦ ἢ τοῦ ἑνός. Enn. VI, 9 Porphyrius. IX. Kirchhoff.
πῶς τὸ πλῆθος τῶν ἰδεῶν ὑπέστη καὶ περὶ τἀγαθοῦ. Enn. VI, 7 Porphyrius. XXXV. Kirchhoff.

Der erste Theil des Buchs bezieht sich jedoch auf die Lehre vom νοῦς.

Die Theorie des νοῦς und der Ideen behandeln:
περὶ νοῦ καὶ τῶν ἰδεῶν καὶ τοῦ ὄντος. Enn. V, 9 Porphyrius. V. Kirchhoff.
περὶ τοῦ εἰ καὶ τῶν καθ᾽ ἕκαστα ἔστιν εἴδη. Enn. V, 7 Porphyrius. XVIII. Kirchhoff.
ὅτι οὐκ ἔξω τοῦ νοῦ τὰ νοητὰ καὶ περὶ τἀγαθοῦ. Enn. V, 5 Porphyrius. XXIX. Kirchhoff.
περὶ ἀριθμῶν. Enn. VI, 6 Porphyrius. XXXI. Kirchhoff.

Auf die Theorie der Weltseele beziehen sich vorzugsweise die Untersuchungen der Bücher:
περὶ τοῦ τὸ ὂν ἓν καὶ ταὐτὸ ὂν ἅμα πανταχοῦ εἶναι ὅλον. Enn. VI, 4—5 Porphyrius. XXII. Kirchhoff;
es ist indessen zu bemerken, dass damit der Inhalt, namentlich des Vten Buchs, nicht allein zu thun hat, sondern sich auf die gesammte ideale Welt bezieht, und dass die Theorie der Weltseele wesentlich mit aus den in der IVten Enneade vereinigten Büchern zu entlehnen ist.

Die der Theologie entgegenstehende Physik ist von Plotin nicht mit gleicher Ausführlichkeit behandelt worden. Es sind nur einzelne Punkte, die er erledigt hat. Diese Punkte sind, indem wir die Reihenfolge des Porphyrius im Ganzen festhalten, nebst den dazu gehörigen Schriften folgende:

1. Auf die allgemeine Theorie des Himmels und der Welt beziehen sich die Bücher:
περὶ τοῦ κόσμου. Enn. II, 1 Porphyrius. XXXVII. Kirchhoff.
περὶ τῆς κυκλοφορίας. Enn. II, 2 Porphyrius. XIV. Kirchhoff.
εἰ ποιεῖ τὰ ἄστρα. Enn. II, 3 Porphyrius. XLVI. Kirchhoff.

Das letztere Buch kann jedoch auch mit den von der Vorsehung handelnden Schriften verbunden werden.

2. Ueber die Materie handeln:
περὶ τῶν δύο ὑλῶν. Enn. II, 4 Porphyrius. XII. Kirchhoff.
περὶ τῆς ἀπαθείας τῶν ἀσωμάτων. Enn. III, 6 Porphyrius. XXV. Kirchhoff,
doch ist zu bemerken, dass nur die zweite Hälfte des Buchs hierher gehört, der erste Theil cap. I—V gehört der Psychologie zu.

3. Ueber Schicksal und Vorsehung handeln:
περὶ εἱμαρμένης. Enn. III, 1 Porphyrius. III. Kirchhoff.
περὶ προνοίας. Enn. III, 2—3 Porphyrius. XLII. Kirchhoff.

4. Auf die Dämonenlehre beziehen sich:
περὶ τοῦ εἰληχότος ἡμᾶς δαίμονος. Enn. III, 4 Porphyrius. XV. Kirchhoff.
περὶ ἔρωτος. Enn. III, 5 Porphyrius. XLIV. Kirchhoff.

5. Ueber Ewigkeit und Zeit handelt:
περὶ αἰῶνος καὶ χρόνου. Enn. III, 7 Porphyrius. XL. Kirchhoff.

6. Endlich sind noch als Erörterungen einzelner Punkte zu erwähnen:

περὶ τῆς δι' ὅλων κράσεως. Enn. II, 7 Porphyrius. XXXIV. Kirchhoff.
πῶς τὰ πόρρω ὁρώμενα μικρὰ φαίνεται. Enn. II, 8 Porphyrius. XXXII. Kirchhoff.

Das Buch gegen die Gnostiker:
πρὸς τοὺς γνωστικούς. Enn. II, 9 Porphyrius. XXX. Kirchhoff ist zwar auch wesentlich physischen Inhalts, verlangt aber als Streitschrift eine besondere Stellung. —

Der dialektische Gegensatz der Natur und des Geistes, der sinnlichen und idealen Welt hebt sich im Begriff der Seele auf, deren Wissenschaft, die Psychologie, somit Metaphysik, Theologie und Physik zur Voraussetzung hat, und deren Bestimmungen zu neuen Bestimmungen verknüpft.

In chronologischer Reihenfolge sind die auf die Psychologie bezüglichen Schriften, deren innern Zusammenhang wir weiter unten näher nachweisen wollen, folgende:
περὶ ἀθανασίας ψυχῆς. Enn. IV, 7 Porphyrius. II. Kirchhoff.
περὶ οὐσίας ψυχῆς. Enn. IV, 2 Porphyrius. IV. Kirchhoff.
(Bereits in der Metaphysik berücksichtigt.)
περὶ τῆς εἰς τὰ σώματα καθόδου τῆς ψυχῆς. Enn. IV, 8 Porphyrius. VI. Kirchhoff.
εἰ πᾶσαι αἱ ψυχαὶ μία. Enn. IV, 9 Porphyrius. VIII. Kirchhoff.
περὶ οὐσίας ψυχῆς. Enn. IV, 1 Porphyrius. XXI. Kirchhoff.
περὶ ψυχῆς ἀποριῶν. Enn. IV, 3—5 Porphyrius. XXVI. Kirchhoff.
περὶ αἰσθήσεως καὶ μνήμης. Enn. IV, 6 Porphyrius. XXXVIII. Kirchhoff.

Auf die Psychologie folgt die Ethik, die Darstellung, wie die gottentfremdete Welt sich durch die Seele wieder zu Gott, d. h. zum Guten und Einen, erhebt. Der innere Zusammenhang, in welchem die ethischen Begriffe zueinander stehen, wird sowohl im Buche Enn. I, 1, welches die Begründung der Ethik auf Psychologie enthält, gegeben, als auch im Buche Enn. I, 3, das von den verschiedenen Wegen, die zu Gott führen und von dem Verhältniss von Kunst, Wissenschaft und Leben handelt. —

In chronologischer Reihenfolge sind die ethischen Bücher folgende:
περὶ τοῦ καλοῦ. Enn. I, 6 Porphyrius. I. Kirchhoff.
περὶ τῆς ἐκ τοῦ βίου εὐλόγου ἐξαγωγῆς. Enn. I, 9 Porphyrius. XVI. Kirchhoff.

περὶ ἀρετῶν. Enn. I, 2 Porphyrius. XIX. Kirchhoff.
περὶ διαλεκτικῆς. Enn. I, 3 Porphyrius. XX. Kirchhoff.
εἰ ἐν παρατάσει χρόνου τὸ εὐδαιμονεῖν. Enn. I, 5 Porphyrius. XXXIII. Kirchhoff.
περὶ εὐδαιμονίας. Enn. I, 4. Porphyrius XLI. Kirchhoff.
πόθεν τὰ κακά. Enn. I, 8 Porphyrius. XLV. Kirchhoff.
τί τὸ ζῶον καὶ τίς ὁ ἄνθρωπος. Enn. I, 1 Porphyrius. XLVII. Kirchhoff.
περὶ τοῦ πρώτου ἀγαθοῦ καὶ τῶν ἄλλων ἀγαθῶν. Enn. I, 7 Porphyrius. XLVIII. Kirchhoff.

Wir haben uns in der vorstehenden Anordnung bemüht, sowohl wie Porphyrius die innern Zusammenhänge der Bücher nach der Dialektik der Gedankenwelt Plotins zu wahren, als wie Kirchhoff die chronologische Reihenfolge der Bücher zu berücksichtigen und so einigermassen Ordnung und Zusammenhang in das Gewirr der Schriften Plotins zu bringen. — Wir gestehen jedoch selbst gern zu, dass das Ganze nur als Versuch gelten soll, dessen Unzulänglichkeiten wir kennen und an den betreffenden Stellen angedeutet haben. —

Aus dem Angegebenen wird die Stellung der Psychologie im System deutlich.

Es entsteht ferner die Frage, wie Plotin mit seiner Psychologie sich zu seinen Vorgängern, den althellenischen Philosophen, stellt.

Drei Ströme sind es, die in der Philosophie Plotins zusammenfliessen, von denen ein jeder freilich verschieden von unserm Philosophen geleitet und verwerthet wird, und die das Material seiner Philosophie abgeben. Es sind dies die Platonische, Stoische und Aristotelische Philosophie. Während Plotin die Aristotelische und Stoische Philosophie meistens kritisch behandelt, verhält er sich zu der Platonischen als deren Historiker, Interpret und Exeget und bringt dieselbe zum systematischen Abschluss. —

So beruhen, wie wir nachgewiesen haben, Plotins Lehren vom Sein auf einer Verschmelzung und Umbildung Platonischer, Aristotelischer und Stoischer Theorien.

So verbindet er in seiner Theologie die Platonische Lehre vom Guten, die Aristotelische vom νοῦς und die Stoische von der Weltseele.

Aehnlich verhält es sich in der Psychologie.

Um zunächst den originellen Gedanken der Psychologie des Plotin hervorzuheben, so besteht derselbe in der religions-philosophischen Fassung, in der Beziehung des Begriffs der Seele auf den Gottesbegriff, in der Verknüpfung der Begriffe ψυχή und θεωρία. Plotin untersucht nicht nur die der Welt zugekehrte Seite unsers Seelenwesens und die auf die sinnliche Erscheinung gerichtete Fähigkeit und Thätigkeit derselben, sondern er deckt über dem endlichen Denken des reflectirenden Verstandes und den Bestrebungen des auf die Welt gerichteten Willens in der Seele eine Sphäre auf, in der die Seele im Stande ist, durch Schauen Gott zu erkennen und durch Liebe ihn zu ergreifen und sich zuzueignen. —

Es sind die theologischen Fragen nach dem Ursprung und der Unsterblichkeit der Seele, die Plotin beschäftigen; und das hat er mit Plato gemeinsam. Er sucht aber auch, wie Aristoteles, die Bedingungen der Thätigkeit der Seele in der räumlich-zeitlichen Existenz der irdischen Erscheinungswelt, er sucht wie die Stoiker die Art und Weise der sinnlichen Wahrnehmung zu erforschen. So fasst Plotin mit grossem Blicke Präexistenz, zeitlichen Zustand und unsterbliches Leben der Seele zusammen und verknüpft sonst getrennte Anschauungsweisen harmonisch in einer allumfassenden Weltanschauung. Diese Auffassung Plotins hatte der Verfasser im Auge, als er gelegentlich einige Bemerkungen über die Aufgabe der Psychologie veröffentlichte [8]).

Wir haben, um auf die Einzelheiten überzugehen, zunächst die Stellung Plotins zu vorsokratischen Philosophen zu berühren.

Plotin richtet sich gemäss seiner Aufgabe, einen theologischen Idealismus durchzuführen, gegen die materialistische Auffassung, welche die ionischen Philosophen von der Seele hatten [9]).

In gleicher Weise behandelt er die Ansichten der Atomistiker abweisend und kritisch [10]).

Auch bestreitet Plotin die Definition der Pythagoräer, welche die Seele als Harmonie auffassten [11]).

---

[8]) A. Richter: die Phantasie und ihre Schöpfungen. 1864. p. 4 u. 5.
[9]) Enn. IV, 7, 2 (Creuzer), cf. Aristoteles de anima I, 2 u. Stobaeus ecl. phys. p. 797. Heeren.
[10]) An demselben Orte.
[11]) Enn. IV, 7, 8 (Kirchhoff), cf. Aristoteles de anima I, 4 u. Plato: Phaedon p. 85 E.
Die Widerlegung Plotins ist übrigens dem Aristoteles entlehnt.

Ferner werden die Ansichten des Empedocles und Heraclit zur Erklärung der Verleiblichung der Seele in einem Körper erwähnt und gedeutet [12]).

Mit Plato stimmt Plotin zunächst überein in der mythischen Lehre vom Ursprunge der Seele in einem überweltlichen, idealen Dasein und von ihrem Herabsteigen in die Leiblichkeit und Zeitlichkeit. Wie indessen schon Plato im Timaeus gegenüber der mythischen Darstellung des Phaedrus [13]) die Versetzung der Seele in einen Leib aus einem allgemeinen Weltgesetz ableitete, so sucht auch Plotin in Uebereinstimmung mit dieser Ansicht des Timaeus die mythische Form der Platonischen Lehre aufzulösen und in begrifflichen Gehalt umzusetzen, was ihm jedoch nicht gelang, indem er theilweise nur neue Phantastereien an die Stelle setzt [14]). Es ist ein Gedanke gleicherweise Platos und Plotins, dass sich die Einzelseele zur Weltseele wie die einzelne Idee zur universellen Idee verhält, und wie das Verhältniss zur Weltseele, so wird auch das Verhältniss der Einzelseele zu den Sternenseelen in Plotin ziemlich übereinstimmend mit Plato bestimmt [15]). Die Bestimmungen über die Substanz der Seele, deren Immaterialität und Unsterblichkeit sind wesentlich platonisch [16]). Die Seele hat nach Plotins Ansicht Theil an der Idee des Lebens in so vollendeter Weise, dass sie dessen Gegentheil nicht in sich aufnehmen kann. Die Seele wird als immateriell und als das bewegende Princip gefasst; die Unsterblichkeit der Seele aber als eine Consequenz aus ihrer Idee abgeleitet. In seiner Lehre von der Theilbarkeit oder Untheilbarkeit der Seele musst Plotin ebenfalls auf Plato [17]). Er stimmt ferner mit ihm über die Einheit der Seele, namentlich über die Einheit des denkenden Princips, überein, und theilt in gleicher Weise, wie Plato, in mehreren Stellen die Seele in einen unsterblichen und sterblichen Theil [18]). Der unsterbliche Theil ist die denkende Seele, die Vernunft; der sterbliche Theil wird aber wiederum als zweigetheilt auf-

---

12) Enn. IV, 8.
13) Timaeus 41 D ff. Phaedrus p. 246.
14) Plotin IV, 8, 1 u. IV, 8, 5.
15) Plotin IV, 4. cap. 17 E ff.
16) Plato: Phaedrus p. 245 C ff. Phaedo, cf. Zeller II Aufl. II, 1. p. 531. Anm 2: über die Einheit der 4 Beweise. Republik X, 608 D. Gorgias p. 523 Plotin IV, 7, cap. 9 — 13 u. IV, 3, cap. 21.
17) Plato: Timaeus p. 35 u. Plotin IV, 2 u. IV, 3, 19.
18) Plato: Republik IV, 436 B ff. Plotin IV, 3, 23 u. IV, 4, 28

gefasst, als Zorn (τὸ θυμοειδές) und Begierde (τὸ ἐπιθυμητικόν). In Bezug auf die Lehre vom Eros, bei Plato in den bekannten Stellen des Phaedrus und Convivium enthalten, sucht Plotin [19]) auch die mythische Form abzustreifen. Die Platonische Lehre von der Wiedererinnerung wird bei Plotin überflüssig gemacht durch die Lehre von der intuitiven Erkenntniss des Göttlichen [20]). Abhängig von Plato ist Plotin ferner in Bezug auf die Lehre vom Zusammenhange von Leib und Seele und den daraus folgenden Consequenzen für die Ethik, sowie in Bezug auf die Grundansicht, dass die menschliche Seele das Vermittelnde zwischen Idee und Erscheinung und die Existenzform der Idee in der Vielheit sei. Nehmen wir Alles in Allem, so fasst Plato die Seele vorzugsweise von Seiten ihrer unendlichen Natur auf, und es sind besonders vier Punkte, an welchen er seine Seelenlehre weiter ausgeführt hat:

1) die Lehre von der Präexistenz und die mit ihr zusammenhängende Lehre vom Wissen als einer Wiedererinnerung,
2) die Lehre von der Unsterblichkeit und die damit zusammenhängende Lehre von der Substanz der Seele,
3) die Lehre von den Theilen der Seele, die freilich eine falsche Kategorie auf das Seelenwesen in Anwendung bringt, und endlich
4) die Lehre vom Verhältniss von Leib und der immateriell gefassten und vom Körper gesonderten Seele.

In allen diesen Punkten finden wir Uebereinstimmung zwischen Plato und Plotin. —

Aristoteles ist der Vorgänger des Plotin in der Angabe und Kritik des historischen Materials zur Seelenlehre, das Plotin aber an bedeutsamen Stellen [21]) mehr systematisch verarbeitet und einfügt. Er steht mit Aristoteles auf demselben Boden idealistischer Grundauffassung des Seelenwesens, wenn er auch in der Definition der Seele von ihm abweicht [22]). Aber auch die Aristotelische Theilung der Seele, der Unterschied der ernährenden und zeugenden, empfindenden und denkenden Seele [23]), die Untersuchungen über Sinnesempfindung, φαντασία, Gedächtniss, Ideenassociation, vom νοῦς, von Begierde und Willen, von der Allverbreitung der Seele im Leibe haben dem

---

[19]) Plotin III, 5.
[20]) Phaedrus p. 249 B. Meno 80 D. Phaedo 72 E.
[21]) Enn. IV, lib. VII. u. Enn. IV, lib. VIII.
[22]) Enn. IV, lib. VII, cap. 8.
[23]) Enn. IV, lib. VII, cap. 23 ff.

Plotin zur Anregung der eignen Untersuchungen gedient, und es assen sich in Bezug auf alle diese Punkte Uebereinstimmungen nachweisen [24]). Ebenso folgt Plotin dem Aristoteles in der Anwendung der Begriffe δύναμις und ἐνέργεια auf psychologische Probleme, worauf die Lehre von den Seelenvermögen begründet ist. Auf der andern Seite unterwirft Plotin aber auch die Psychologie des Aristoteles der Kritik. So weist er die Aristotelische Definition der Seele: als der ersten Entelechie eines lebenden Körpers, zurück, so weist er die Activität der Seele bei der Sinnesempfindung und dem Gedächtniss [25]) nach, während nach Aristoteles die wahrnehmende Seele nur ein Leidendes ist, so erklärt er Gesicht und Gehör anders als die Peripatetiker [26]) und verknüpft die Lehre vom νοῦς mit der Lehre von der reflectirenden Seele und der göttlichen Vernunft, während dass Aristoteles in dem Dualismus von Seele und Geist stecken geblieben war.

Was Plotins Verhältniss zu den Stoikern betrifft, so wollen wir mit der gelegentlichen Bemerkung beginnen, dass Plotin wie als Quelle der stoischen Lehre überhaupt, so auch als Quelle für Darstellung ihrer psychologischen Lehren von den Geschichtschreibern der Philosophie erfolgreich verwerthet werden kann. Gegen die Stoiker wie gegen die Epicuräer verhält Plotin sich meistens kritisch. Er widerlegt ihre materiellen Auffassungen von dem Seelenwesen, den Pantheismus der Stoiker, deren Lehre von der Sinnesempfindung und Wahrnehmung [27]). Dennoch ist sowohl die Lehre der Stoiker wie der Epicuräer für die Psychologie Plotins nicht ohne positive Bedeutung. Der stoischen Philosophie sind die Begriffe der συμπάθεια [28]), des λόγος ἐν σπέρμασι [29]), des ἡγεμονικόν entlehnt, welches letztere den Beweis giebt, dass die Stoiker an der Einheit des Seelenwesens festhielten. Die Epicuräer hatten bereits die Bedeutung der Aufmerksamkeit für die Wahrnehmung anerkannt [30]). So verknüpft Plotin mit dem Sinne, der die hinter allen Systemen ruhende Wahrheit sucht, von verschiedenen Seiten her sonst getrennte

---

[24]) Die Einzelstellen in den Commentaren von Creuzer u. Bouillet.
[25]) Enn. IV, lib. VI
[26]) Enn. IV, lib. V.
[27]) Enn. IV, lib. IV. zu Anfang. lib. VI u. lib. VII.
[28]) Enn. IV, lib. II, cap. 2.
[29]) An zerstreuten Stellen des III. u. IV. Buchs der IV. Enn.
[30]) Zeller: Philosophie der Griechen. III. Theil I. Abth. 1865, p. 388 ff.

Elemente und bezieht sie alle auf jene eine Grundauffassung: die in der Menschenseele etwas Göttliches sucht, welche Socrates [31]) zwar bereits ausgesprochen hatte, Plotin aber erst zu einer umfassenden Seelenlehre erweiterte.

Es fragt sich nun nach der Beschaffenheit der Quellen für Darstellung der Psychologie und der daraus folgenden Art und Weise der Behandlung. Aus der chronologischen Reihenfolge der Bücher ergiebt sich für die Anordnung und die Darstellungsweise der Psychologie nicht viel, obwohl die innere Gedankenfolge und der Zusammenhang der Bücher klar gemacht werden kann. Plotin beginnt seine Untersuchungen über die Seele mit dem Problem, mit dem überhaupt in der Geschichte der Philosophie die Psychologie begonnen hat, mit der Lehre von der Unsterblichkeit der Seele [32]) (Buch II.). Die Frage nach der Substanz der Seele (Buch IV.) hängt aber damit unmittelbar zusammen. Der Zusammenhang zwischen der Lehre von der Unsterblichkeit und von ihrer Präexistenz und Verleiblichung (Buch VI.) ist dann wohl unmittelbar klar; die Frage und Untersuchung, ob alle Seelen eine seien (Buch VIII.), entwickelt sich aus einer Stelle des vorgenannten Buches (Enn. IV, lib. VIII, cap. III). Dann fasst Buch XXI. als eine Art von Entwurf die ganze Seelentheorie in der Betrachtung der Substanz der Seele zusammen. Das Buch XXVI. ist eine weitere Ausführung und eine Art von zusammenfassender Erörterung über alle in das Gebiet der Psychologie einschlagenden schwierigen Fragen, an dessen Schluss, der über Sinneswahrnehmungen handelt, sich das Buch über Sinneswahrnehmung und Gedächtniss (Buch XXXVIII.) bequem anfügen lässt. — Indessen ist auf diesen Zusammenhang kein grosses Gewicht zu legen, da er der innern Dialektik des Gegenstandes zu wenig entspricht, und nur bei einzelnen Punkten wird die chronologische Reihenfolge der Untersuchungen in Betracht kommen können.

Wir wären über alle Schwierigkeiten hinaus, wenn wirklich, wie man behauptet hat [33]), die Bücher über die Aporien IV, 3—5 Anfänge einer systematischen Darstellung der Seelenlehre enthielten. Diese Bücher sind aber nur eine äusserliche und ungeordnete Aneinanderreihung von Untersuchungen über schwierige Fragen, bei

---

[31]) Mem. IV, 3, 14.
[32]) Zeller: Philosophie der Griechen. 2. Aufl. Bd. I. 1856. p. 47 ff.
[33]) Ch. A. Brandis: Handbuch der Griechisch-Römischen Philosophie. III. Theils II. Abth. 1866. p. 321.

der kein Plan, keine Reihenfolge, keine systematische Ordnung befolgt ist. Schon aus einer kurzen Angabe der Reihenfolge der behandelten Fragen wird das klar:
1) Sind alle Seelen nur Theile oder Ausflüsse einer Seele?
2) Wie vollzieht sich das Herabsteigen der Seele in den Körper?
3) Ist das discursive Denken geknüpft an die Verbindung von Leib und Seele?
4) Wie ist die Seele theilbar und untheilbar?
5) Welches sind die Beziehungen der Seele zum Körper?
6) Wohin geht die Seele nach dem Tode?
7) Ueber die Bedingungen der Ausübung des Gedächtnisses und der Einbildungskraft.

Gelegentlich sei bemerkt, dass inmitten dieser Untersuchungen Porphyrius die Trennung des ersten und zweiten Buchs fallen lässt, eine Theilung, die wegen des Zusamenhanges der Untersuchungen unstatthaft ist.
8) Vom Unterschied der menschlichen Seele und der Seele der Gestirne, der Weltseele und Erde.
9) Der Einfluss der Gestirne und der Magie.
10) Ueber Gesicht und Gehör.

Ausser in diesen Schriften ist aber ein reiches psychologisches Material auch fast in den meisten andern Büchern enthalten, was durch den Mangel einer festen Scheidung der Theile der Philosophie erklärlich wird. Ueberall bricht, vermöge des religiös-philosophischen Charakters dieser Philosophie, die Idee Gottes und des Menschen hervor, wobei der letztere meistentheils von Seiten seiner sittlichen Fähigkeit und Bestimmung aufgefasst wird. Für die Anordnung alles dieses Materials haben wir daher nach innern Beziehungen zu suchen und finden eine solche in der zusammenfassenden Uebersicht angedeutet, die Plotin von der Seelenlehre im I. Buch der IV. Enneade (XXI.) gegeben hat. Unser Verfahren, das wir beobachten, kommt also darauf hinaus:
1) dass wir die systematische Ordnung nach dem Nachweise in der Uebersicht zu Grunde legen;
2) in Bezug auf die Darlegung einzelner Punkte nicht herausgerissene einzelne Sätze, sondern Auszüge einzelner Bücher und zusammenhängender Stellen geben;
3) wenn mehrere Male dasselbe Problem behandelt ist, so befolgen wir bei Angabe dieser mehrfachen Untersuchungen die chronologische Ordnung und kürzen zweckmässig die Wiederholungen.

Wir schliessen diese Vorbemerkungen mit Angabe der Uebersicht über die Punkte, welche wir behandeln wollen.

Bei Angabe der Uebersicht über die psychologischen Lehren des Plotin können wir uns an das Capitel anschliessen, das Porphyrius als ein vollständiges Buch (XXI. Enn. IV, 1.) zählt. Es ist vielmehr wie ein Entwurf oder eine zusammenfassende Uebersicht anzusehen. Plotin recapitulirt darin die metaphysischen Bestimmungen der Seele, vermöge deren die Seele zwischen der sinnlichen und idealen Welt vermittelt, an beiden Welten Theil hat und beide Welten versöhnt, oder, wie sich Plotin an einer andern Stelle ausdrückt: Gestellt an die Grenze der sinnlichen und idealen Welt, kann sich die Seele auf beide beziehen (IV, 4, 3.), eine Ansicht, mit der Plotin auf Plato fusst [34]).

I. Die Seele befindet sich zugleich mit der wahrhaften Substanz und der Vernunft zunächst in der idealen Welt. Dort existirt sie ohne Körper; alle Seelen, wie alle Intelligenzen existiren zusammen und sind durch keinen räumlichen Unterschied gesondert. Dennoch besitzt die Seele die Möglichkeit in sich, sich zu sondern, sich von der idealen Welt zu entfernen und in die sinnliche Welt hinabzusteigen. Somit haben wir:

im ersten Theil den Zustand der Seele in und im Verhältniss zu der idealen Welt zu betrachten, und zwar

    im I. Cap. die menschliche Seele im Verhältniss zu den göttlichen Wesen (Hypostasen) vorzugsweise zur Weltseele, zu den Seelen der Gestirne, zur Natur und zur Seele der Erde zu betrachten;

    im II. Cap. die Frage nach der Einheit aller Seelen zu beantworten;

    im III. Cap. über das Herabsteigen der Seele in den Körper zu handeln.

II. In der sinnlichen Welt haben die Seelen einen Körper und werden durch den Körper theilbar, indem sie sich in demselben verbreiten. In dieser Welt ist die Seele somit eine untheilbare und theilbare Doppelnatur. Durch den höhern Theil ihrer selbst, die Vernunft, gehört sie der idealen Welt zu und wird durch deren Anschauung beseligt. Andererseits ist sie im Körper und durch den Körper getheilt, dem sie aber doch auf untheilbare Weise innerlich und gegenwärtig ist, indem sie sich im ganzen Körper verbreitet.

---

[34]) Timaeus p. 35.

Wir haben also im zweiten Theil die Seele in ihrer zeitlichen Erscheinung in dieser Welt als eine, das sinnliche und ideale Dasein vermittelnde Doppelnatur aufzufassen und zwar zu handeln:

im I. Kap. vom Wesen der Seele;

im II. Kap. vom Verhältniss von Leib und Seele, vom Verhältniss der Seele zur sichtbaren Welt und den durch diese Verhältnisse bedingten Fähigkeiten und Thätigkeiten derselben: Empfindung, sinnliche Wahrnehmung und Begierde;

im III. Kap. von den der irdischen Seele zukommenden Fähigkeiten und Thätigkeiten, die auf dem Vorstellungsleben beruhen, von der Einbildungskraft, dem Gedächtniss, dem Verstande und dem endlichen Willen;

im IV. Kap. vom Verhältniss der Seele zur idealen Welt, oder vom intuitiven Erkennen und von der Liebe.

III. Wir können drittens hinzufügen, dass nach dem Zustand der Seele nach ihrer zeitlichen Erscheinung gefragt werden kann, und auch auf diese Frage hat Plotin zu antworten gesucht.

Wir handeln daher im dritten Theil

im I. Kap. von der Unsterblichkeit der Seele und ihrem Zustande nach dem Tode.

Erster Theil.

Kap. I. Die menschliche Seele im Verhältniss zu den göttlichen Wesen, vorzugsweise zur Weltseele, zu den Seelen der Gestirne, der Natur und der Seele der Erde.

Wenn wir zuerst, wie wir dies im Eingang zu thun schuldig sind, den Zusammenhang begreifen wollen, in welchem die Seele mit den grossen geistigen Mächten im Universum, mit Gott, mit der Vernunft, der Weltseele steht, wenn wir ihre gottartige Natur erkennen und zugleich den Zusammenhang betrachten wollen, der zwischen den psychologischen und ethischen Bestimmungen stattfindet, so können wir uns an kein Buch besser anschliessen, als an das I. Buch der V. Enneade (X. Kirchhoff), das zum Vollendetsten gehört, was Plotin überhaupt geschrieben hat. Die Auffassung, die Porphyrius dadurch andeutet, dass er das Buch an den Eingang der V. Enneade gestellt hat, ist durchaus unzulänglich. Nur vom Standpunkt der Religionsphilosophie aus ist dieses Buch zu verstehen, das, von dem ethischen und religiösen Gesichtspunkt der Rückführung und Versöhnung der Seele mit Gott aus, eine mit gewisser Systematik zusammenfassende Lehre von den göttlichen Wesen, der göttlichen Natur der Seele und dem Verhältniss dieser zu jenen enthält. Mit diesem religiösen Inhalt harmonirt die Form. Wir haben hier keinen Dialog vor uns, keine trockne und lehrhafte Abhandlung, sondern eine vom religiösen Hauche belebte und erwärmte Darstellung, die ihre Wirkung auf die Kirchenväter, wie ihre zahlreichen Entlehnungen aus diesem Buche beweisen, nicht verfehlt hat.

Wie bemerkt, weiss die Einleitung den Gegenstand der Untersuchung, als den Porphyrius durch seine Ueberschrift zu enge die Erkenntniss der drei göttlichen Wesen bezeichnet, mit dem ethischen Hauptzweck der Philosophie, der Rückführung der Seele nämlich zu

Gott, dem sie entfremdet ist, zu verknüpfen. — Es sind drei Elemente in der Abhandlung zu unterscheiden: Gott, die Seele und das Verhältniss beider: die Betrachtung der göttlichen Wesen führt zur Erkenntniss der gottartigen Natur der Seele und leitet die letztere zu ihrem Ursprung, dem sie entfremdet ist, zurück.

Mit der Thatsache der Gottentfremdung der Seele und der Aufsuchung ihrer Ursache beginnt die Abhandlung. Obwohl die Seele von oben stammt und idealen Wesens ist, hat sie doch Gottes und ihres Ursprungs vergessen. Diese Entfremdung schreibt sich aus der Fähigkeit der Seele, sich zu entwickeln, vermöge der Selbstbewegung zu einem Anderssein überzugehen und aus dem Bestreben, für sich sein zu wollen; aus ihm ging ihre zeitliche Geburt hervor. Fortgeschritten auf dem Wege der Entfremdung von ihrem Ursprung ist sie zur Selbstvergessenheit und zur Vergessenheit ihres Ursprungs gekommen. Die Seele hat sich dadurch verunehrt, und in der Ehre, welche sie den irdischen Dingen erweist, ist die Ursache der völligen Verkennung Gottes zu suchen. Indem die Seele die werdenden und vergehenden Dinge bewundert, giebt sie zu, dass sie viel unwerther als jene Dinge und nicht mehr im Stande sei, die Natur oder Kraft Gottes in sich aufzunehmen.

Es giebt nun einen doppelten Weg, um die Seele bis zu ihrem Ursprung, bis zum Höchsten und Einen zurückzuführen. Der eine Weg besteht darin, dass man der Seele den Unwerth der Dinge zeigt, die sie hochachtet; diese Untersuchung lässt Plotin hier fallen und verweist auf andere Schriften. Der andere Weg besteht darin, die Seele an ihre ursprüngliche Würdigkeit und ihr Geschlecht zu erinnern. Damit hängt denn die Untersuchung nach den göttlichen Wesen zusammen. Sie setzt voraus und erfordert, dass wir zuerst die eigne Natur untersuchen, um zu wissen, ob sie die Fähigkeit hat, Gott zu schauen und auf Erfolg ihrer Untersuchung hoffen darf. Dies tritt in dem Fall ein, dass sie Verwandtschaft mit den göttlichen Wesen besitzt; ist sie aber fremd der göttlichen Natur, so wäre es verfehlt, zu versuchen, in dieselbe einzudringen.

Die menschliche Seele wird zuerst als ähnlich der Weltseele aufgefasst, von derselben erhabenen, alles Körperliche weit übertreffenden göttlichen Natur. Das Wesen der Weltseele wird aber durch ihr doppeltes Verhältniss zur Welt und zur Vernunft ($νοῦς$) beschrieben. —

Die Weltseele hat, was das erste Verhältniss angeht, alle lebenden Wesen hervorgebracht, indem sie ihnen das Leben einhauchte, dieselben zugleich geschmückt, geordnet und bewegt. Indem die Seele in den Körper des Himmels hinabsteigt, giebt sie ihm Leben, Unsterblichkeit, Bewegung; sie macht ihn zu einem Wesen voll Glückseligkeit und Würde, während er früher ein todter Leib war, Wasser, Erde und Finsterniss der Materie. Die Weltseele ist aber erhabnerer Natur als die Dinge, welche sie hervorbringt. Letztere werden und vergehen, aber die Weltseele bleibt ewig. — Es entsteht ferner die Frage, wie sich die Seele im All und in den Individuen verbreite, wie sie den ganzen Himmel umfasse. Zunächst antwortet Plotin nur im Bilde: wie die Sonne ein dunkles Gewölk erleuchtet und umsäumt, so umfasst die Weltseele den Himmel. Sie theilt sich der ganzen Masse des Universums mit, und zwar verhält sie sich dabei nicht wie die Körper sich verhalten, von denen der eine hier, der andere dort sich befindet, der eine so, der andere so sich verhält, von denen die einen im Gegensatz, die andern im Zusammenhang mit einander stehen. Die Seele verhält sich nicht auf diese Weise, denn sie ist weder in Theile getheilt, noch flösst sie jeglichem Theil einzeln das Leben ein. Sie belebt alle zugleich, ist in jedem ganz gegenwärtig; sie ist sowohl in Betreff ihrer Einheit als ihrer Universalität dem $νοῦς$ ähnlich. —

Durch die Weltseele ist die Welt vergöttlicht, daraus folgt dann die Göttlichkeit der Weltseele selbst und, da unsere Seele ähnlich der Weltseele ist, die gottartige Natur unserer Seele. —

Auf der andern Seite hat die Weltseele aber auch ein Verhältniss zur göttlichen Vernunft, aus welchem ihre eigne göttliche Natur noch viel klarer hervorgeht. Die Vernunft ist ihr gleichsam benachbart, die Seele ist ein Bild, ein $λόγος$, eine $ἐνέργεια$ derselben. Sie entlässt dieselbe aus sich, wie das Feuer die Wärme ausströmen lässt. Die Seele tritt dabei nicht ganz aus dem $νοῦς$ heraus, sondern theilweise beharrt sie in ihm, theilweise aber besitzt sie eine von ihm gesonderte Existenz.

Indem die Seele vom $νοῦς$ ausgeht, ist sie idealer Natur, sie vermag, um willen des Verhältnisses zu ihm, zu überlegen und zu denken und ist vollendet. Wenn die Seele den $νοῦς$ betrachtet, so ist sie im Inbesitz der Dinge, die er denkt und bewirkt. Diese allein sind wahre Wirksamkeiten der Seele, da sie aus der eigentlichen Heimath der Seele stammen, während dass die schlechten

Seelenregungen, wie die Leidenschaften, anderweitig ihren Ursprung haben. —

Die Seele und der νοῦς unterscheiden sich von einander nur durch die Art ihrer Existenz. Der νοῦς ist der Seele gegenüber τὸ εἶδος, die Seele seine ὕλη, ὡς τὸ δεχόμενον. Auch diese ὕλη des νοῦς ist selbst schon εἶδος und ist einfach.

Daraus geht nun die erhabenere und göttlichere Natur des νοῦς hervor, den Plotin um der Begriffsbestimmung der göttlichen Natur der Seele willen näher beschreibt.

Die Art und Weise, das Wesen des νοῦς zu erkennen, ist folgende: Man erhebt sich von der Betrachtung der sinnlichen Welt mit ihrer Grösse, Schönheit, Ordnung und den verschiedenen Klassen der Geschöpfe, die sie einschliesst, zum Urbild derselben, zur wahrhaften Welt, die alles Ideale und durch sich selbst Ewige und den νοῦς, als Vorsteher dieser Welt, umfasst. Hier findet man das wahre Leben, Alles beständig, unveränderlich. Die Vernunft fasst Alles in sich, ist vollendet, selbstgenügsam und glückselig. Alles, was sie in sich hat und denkt, hat sie nicht in der Weise, dass sie untersucht und forscht, sondern dass sie es besitzt. Sie besitzt Alles in Ewigkeit und ist die Ewigkeit in Wahrheit selbst, von der ein bewegliches Bild in der Seele die Zeit ist. Der νοῦς besteht in steter Dieselbigkeit, ist auf keine Weise zukünftig oder vergangen. —

Der Parmenideische Satz von der Einheit des Denkens und Seins findet seine eigentliche Anwendung auf den νοῦς. Durch ihr Denken ist die Vernunft das Sein, und das Seiende giebt durch sein Gedachtwerden dem νοῦς sowohl Denken als Sein. Beide, Denken und Sein, bestehen untrennbar miteinander, und obwohl sie zwei sind, sind sie doch auch eins.

In der Vernunft beginnt die Dialektik der Begriffe Einheit und Vielheit. Von ihnen hängen wieder Zahl und Quantität ab. Die nähern Begriffsbestimmungen des Seins sind: das Sein, die Identität, das Anderssein, die Bewegung, die Ruhe. Von ihnen als den Principien gehen die andern idealen Bestimmungen aus.

Die Beziehungen der menschlichen Seele zu diesem νοῦς werden im Folgenden berührt werden.

Es entsteht nun die Frage nach dem Urheber des νοῦς, der zugleich einfach und vielfach ist und die Zahl erzeugt. Vor der Zweiheit muss die Einheit sein. Die Zweiheit ist erst aus der Einheit geworden und hat die Einheit selbst als ihre Bestimmung an sich. Dieses Erste kann kein fester Körper sein, denn die Körper sind später. Das Problem übrigens, wie aus der Einheit die Vielheit entstanden ist, welcher Art diese erste Einheit sei, ist so schwierig, dass es nicht ohne Anrufung Gottes gelöst werden kann. — Das Erste ist als der Ursprung und das Ziel der Dinge anzusehen, die aus ihm entstehen und sich wieder zu ihm bewegen. Der Ausdruck „Geburt", von der Entstehung gebraucht, ist zur Bezeichnung nicht zureichend. Das Princip selbst, aus dem Alles entsteht, bleibt unbewegt und unverändert und beharrt in seinem Sein und Wesen, und es geschieht ohne seine Zustimmung, wenn ein zweites aus ihm seinen Ursprung und seine Existenz herleitet. Die Art und Weise dieser Herleitung wird durch Bilder beschrieben. Alle Dinge, die in ihrem Sein und Wesen beharren, bringen ausser sich ein Wesen hervor, welches das Abbild eines Urbildes ist. Das in sich Vollendete erzeugt, das immer Vollendete erzeugt ewig. So erzeugt das Erste und Eine aus sich den $νοῦς$, der ein Bild des Einen ist, da das Erzeugte Aehnlichkeit und Verwandtschaft mit seinem Erzeuger haben muss, aber dennoch nicht dem Erzeuger identisch sein kann. Nur durch sein Anderssein ist das Erzeugte vom Erzeuger unterschieden. Der $νοῦς$ schaut das Eine an und bedarf des Einen, das Eine aber bedarf nicht des $νοῦς$; und in ähnlicher Weise ferner wie der $νοῦς$ auf das Eine, so blickt die Seele auf den $νοῦς$ hin; denn Alles, was erzeugt ist, hat Verlangen und Sehnsucht nach seinem Erzeuger. —

Die Erzeugung des $νοῦς$ wird so beschrieben, dass das Eine, gegen sich selbst gewendet, den $νοῦς$ sieht; dies Schauen ist der $νοῦς$.

Der $νοῦς$ ist zwar auch, wie das Erste, eine Einheit, aber zugleich die $δύναμις$ aller Dinge; er besitzt ein Bewusstsein von dem, was seine $δύναμις$ vermag, und in diesem Bewusstsein besteht sein Wesen. Er bestimmt durch sich selbst sein Sein und erkennt, dass er ein Theil des Einen ist und aus ihm hervorgeht. Das Erste ist keines der Dinge, die im $νοῦς$ sind, sondern das Princip, von dem alle diese Dinge ausgehen. Diese im $νοῦς$ enthaltenen seienden Dinge sind Substanzen. Mit ihm ist die ganze Schönheit der Ideen und alle idealen Wesen entstanden.

Der $νοῦς$ seinerseits wieder erzeugt die Seele, in der sich die unsichtbar in ihm ruhende Kraft offenbart. Auch hier wiederum ist das erzeugte Wesen geringer und ein Bild von jenem; an sich unbestimmt und unbegrenzt, wird es von dem erzeugenden Princip begrenzt und gestaltet. Das Wesen der vom νοῦς erzeugten Seele besteht im Denken. Sie ist gefesselt an den νοῦς, von ihm angefüllt und im Genuss desselben. —

Diese drei Principien: das Eine, der νοῦς und die Seele umfassen das Göttliche, und Plotin hat sich bemüht, diese seine Theologie mit Plato und den vorsokratischen Philosophen in Uebereinstimmung zu bringen. Sie sind indessen nicht nur im Universum, sondern auch in uns, in unserer Seele enthalten. Sie constituiren den innern Menschen, die Seele, die Vernunft, das Eine in uns; sie machen die göttliche Seite unseres Wesens aus. Die Seele ist kein sinnliches Wesen, sondern göttlicher Natur. Sie hat zunächst einen der Weltseele conformen Theil ihres Wesens. Sie besitzt ferner eine subjective, in Begriffen denkende Vernunft, die keines körperlichen Organs bedarf; diese Vernunft ist idealen Wesens, bedarf nicht des Ortes, existirt für sich und durch sich auf immaterielle Weise. Es stimmt dies mit der Ansicht Plato's überein, der von der Seele behauptet, dass sie von der einen Seite her in der idealen Welt verharrt und ihr Haupt im Himmel birgt. Die Möglichkeit der Ausführung der sittlichen Vorschriften: die Seele nämlich vom Körper zu sondern und ihren niederen Theil zur idealen Welt zu erheben, beruht auf der Vernünftigkeit der Seele. Diese Vernunft in der Seele ist aber wohl von der Vernunft im All zu unterscheiden, und die letztere allein umfasst als ewigen Inbesitz in sich die Ideen. —

Endlich haben wir auch in uns einen göttlichen Theil. Mit diesem Theil unserer Selbst berühren wir Gott, der nur in ihm selbst Bestand hat, der von allen Wesen angeschaut wird, die im Stande sind, ihn aufzunehmen, und der doch von diesen Wesen unterschieden bleibt. Mit diesem Gotte sind wir vereinigt, wenn wir uns zu ihm wenden.

Nur an einer Stelle hat Plotin zusammenfassend noch einmal von diesen Beziehungen der menschlichen Seele zu den drei göttlichen Wesen gelehrt [1]).

Das Schlusskapitel des vorliegenden Buches ist ethischen Inhalts und führt zum Anfang zurück. Obwohl wir so erhabener Principien theilhaftig sind, bleiben wir doch Gott entfremdet. Während jene göttlichen Wesen in ewiger Wirksamkeit bestehen, ist die

---

[1]) Enn. I, lib I, cap. VIII.

Thätigkeit der Seele mannigfach zerstreut und durch ihre Verknüpfung mit der Welt nicht einzig auf jene Principien gerichtet. Wenn wir daher zur Gotteserkenntniss und damit zur rechten Selbsterkenntniss gelangen wollen, so müssen wir unsre erkennenden Fähigkeiten rein bewahren, vor jedem äussern Geräusch verschliessen, um die Stimmen zu hören, die von oben kommen.

Den Unterschied der Einzelseele von der Weltseele hat Plotin an verschiedenen Stellen behandelt, und was sich darüber zusammenlassen lässt, ist etwa Folgendes [2]:

Plotin unterscheidet eine doppelte Art der Fürsorge im Universum, deren eine von der Weltseele, die andere von der individuellen Seele ausgeht.

Die erstere ordnet Alles im Allgemeinen an und wirkt, wie eine königliche Macht, ohne das Einzelne selbst auszuführen. Sie bezieht sich auf den vollendeten Körper des Weltalls, der angemessen, selbstgenugsam ist und nur einer einfachen Lenkung bedarf. Auf die angegebene Art verwaltet die Weltseele den Himmel, und man kann nicht klagen, dass die Seele in den Bereich des Schlechten hinabgezogen sei. Die Seele wird dadurch nicht ihrer ursprünglichen und ewigen Natur beraubt, sondern behält dieselbe, besitzt sie seit Ewigkeit und in Ewigkeit. In gleicher Weise wie die Weltseele verhalten sich die Seelen der Gestirne, und nehmen an gleicher Glückseligkeit Theil. Die beiden Gründe, um derentwillen man sonst die Gemeinschaft der Seele mit dem Körper tadelt, treffen in Bezug auf das Verhältniss der Weltseele zu ihrem Körper nicht zu. Entweder ist der Körper der Seele bei ihren idealen Beschäftigungen hinderlich, oder die Seele wird durch denselben mit Freude, Begierde, Trauer u. s. w. erfüllt. Alle diese Dinge können bei einer Seele nicht zutreffen, die nicht von ihrem Körper abhängig ist, sondern vielmehr ihren Körper in der Gewalt hat. Keine Beschäftigung, keine Sorge, die nach unten neigt und sich auf das Irdische bezieht, kann die Weltseele hierher herabführen und sie von ihrer seligen Anschauung herabziehen. Ewig sorglos und ohne eigentliche Beschäftigung schmückt die Seele das ganze All und verharrt in das Anschauen des Göttlichen versunken.

---

[2] Die betreffenden Stellen sind sehr gekürzt, sowohl um Wiederholungen aus der Theologie und Physik zu vermeiden, als weil der Gedanke Plotins sich hier in ganz leeren und gehaltlosen Abstractionen bewegt. — Cf. Enn. IV, lib. VIII, cap. 2 und lib. III. und lib. IV. an einzelnen Stellen.

Die andere Art der Sorge ist die selbstausführende, die sich auf das Kleine und Einzelne bezieht, und die durch Berührung die Natur dessen selbst annimmt, worauf sie handelnd einwirkt. Sie bezieht sich auf unsere Körper, die einer vielfältigen Fürsorge bedürfen, weil sie durch die sie umgebenden Gegenstände unendlich vielen Zufällen unterworfen sind. Dieser Art ist die Sorge der einzelnen menschlichen Seele, die im Körper Kummer, Furcht und alle Uebel erduldet, und die deshalb den Körper wie eine Fessel und ein Grab und die Welt wie eine Gruft und eine Höhle betrachtet.

Abgesehen davon, dass die Weltseele schöpferisch ist, die Einzelseelen aber nichts schaffen, dass in der Weltseele alle Kräfte in Harmonie stehen, während sich in der Einzelseele eine gewisse Gebrochenheit und Halbheit findet, so besteht ein weiterer Unterschied zwischen der Weltseele und den einzelnen menschlichen Seelen darin, dass die Weltseele weder Gedächtniss ($\mu\nu\eta\mu\eta$), noch Reflexion ($\lambda o\gamma\iota\sigma\mu\acute{o}\varsigma$) besitzt, dass auf sie der Zeitbegriff keine Anwendung findet, während Gedächtniss und Reflexion, d. h. untersuchendes, überlegendes Denken, recht eigentlich das Wesen der menschlichen Seele ausmacht, die in der Ausübung ihrer Thätigkeit an die Bedingungen der Zeit gebunden ist.

Die Weltseele bringt die Dinge zwar hervor, ordnet und vollendet sie, ohne aber dazu des überlegenden, berechnenden, vorbereitenden Denkens oder des Gedächtnisses zu bedürfen. Sie erinnert sich nicht verschiedener Perioden, sondern sie erfreut sich immer der Erkenntniss, immer eines und desselben Lebens. Sie besitzt Kenntniss, doch nicht solche, die von Aussen kommt und erworben wird, sondern durch ihre Natur selbst. Indem sie die Unendlichkeit ihres Lebens erkennt, erkennt sie zugleich das Wesen der Thätigkeit, die sie im Universum ausübt. Jede Idee des Vergangenen oder Zukünftigen ist dabei zu entfernen, und der Weltseele ein einförmiges, unwandelbares, von der Zeit unabhängiges Leben zuzuschreiben. Die Weltseele bringt die Ordnung der Welt vermöge der ihr immanenten Vernunft, der immer gegenwärtigen, thätigen und nämlichen Weisheit ohne denkende Ueberlegung hervor. Die Ordnung der Welt ist somit ein Bild der Weisheit, die in der ordnenden Seele Bestand hat, und indem die Weltseele diese Weisheit betrachtet, geräth sie nicht in Ungewissheit, zweifelt sie nicht, befindet sie sich in steter Uebereinstimmung des Denkens und des Willens. In der menschlichen Seele besteht die Weisheit in dem

Suchen nach Weisheit, in dem überlegenden Denken, das die wahre Vernunft zu finden strebt. Die wahre Weisheit besteht aber nicht in einem Suchen und Forschen, sondern in einem beständigen Inbesitz der Wahrheit, und derart ist die Weisheit der Weltseele, bei der kein Zweifeln und Schwanken, sondern absolute Gewissheit stattfindet.

Zusammenfassend können wir sagen, die menschliche Seele unterscheidet sich von der Weltseele und den übrigen göttlichen Wesen durch alle auf ihrer Verbindung mit dem Körper und durch alle auf den sinnlichen Wahrnehmungen beruhenden Funktionen, ein Gedanke, der wohl dem Sinne der Lehre Plotins entspricht, den er aber selbst nicht ausgesprochen, auch nicht systematisch durchgeführt hat. Wir finden bei ihm nur zerstreute Andeutungen. Das folgende Capitel geht übrigens auf die Frage nach dem Verhältniss der Einzelseele zur Weltseele noch einmal ein.

In ähnlicher Weise, wie von den göttlichen Wesen, wird die menschliche Seele von der Natur und den dieselbe belebenden Seelen unterschieden [3]). Doch liegt hier der Unterschied in der göttlichen Fähigkeit der menschlichen Seele, in ihrem Denken, das sie über die niedrigern, in der Natur waltenden Seelenkräfte erhebt.

Was zunächst das Verhältniss der menschlichen Seele zu den Sternseelen betrifft, so bedienen die Seelen der Gestirne sich nicht des discursiven Denkens, sie wechseln ihren Zustand nicht, sie behalten nicht die Dinge und erinnern sich nicht an das Vergangene. Sie haben nichts zu entdecken, zu zweifeln, sie lernen nicht, was sie vorher nicht wussten, sie brauchen nicht nach Mitteln zu suchen, um zu erfahren, was auf Erden vorgeht. Sie erinnern sich nicht daran, dass sie Gott gesehen haben, denn sie sehen ihn immer. Sie erinnern sich nicht an ihre Thätigkeit, die Umdrehung; nur wir theilen diesen Lauf der Gestirne und nehmen Unterschiede der Zeit an, die aber für die Seelen der Sterne nicht existiren. Nur wir unterwerfen ihre Bewegung der Messung, für den Stern ist sie eine; im Himmel ist Alles nur ein Tag, ein Jahr. Die Sterne erinnern sich auch nicht an die menschlichen Angelegenheiten, weil die Seele überhaupt nur das auffasst und behält, was irgend ein Interesse und eine Wichtigkeit, die vom Nutzen abhängt, für sie hat

---

[3]) Enn. IV, lib. IV, cap. 6—12; cap. 13 u. 14; cap. 18; cap. 30 ff.

und ihre Aufmerksamkeit in Anspruch nimmt. Sie erinnert sich nicht an gleichgültige und zufällige Dinge und an Dinge, die sich so oft wiederholen, dass sie zur Gewohnheit werden. Wer den Begriff des Ganzen fasst und in sich besitzt, kümmert sich nicht um die Erkenntniss des Kleinlichen und Einzelnen, und es gehört ein besonderer Willensact dazu, solche gleichgültigen Dinge wahrzunehmen. Daher haben die Sternseelen keine Erinnerung an ihre Bewegung. Der Ort, den sie durchlaufen, ist ihnen gleichgültig; sie berechnen die Zeit nicht und erinnern sich nicht an die durchlaufene Zeit. —

Von der Natur ($\varphi \acute{v} \sigma \iota \varsigma$) unterscheidet sich die Seele durch den Grad der ihr einwohnenden Vernunft. Die Natur nimmt den letzten Rang ein, sie muss daher auch nur den letzten Grad der Vernunft haben, welche die Seele erleuchtet. Wenn man sich ein Stück Wachs vorstellt, auf dem die auf einer Seite eingedrückte Figur bis zur andern durchdringt, und deren auf der obern Seite wohl markirten Züge auf der untern nur verwischt erscheinen, so hat man ein Bild für die Natur. Sie erkennt nicht, sie bringt allein hervor, sie überträgt blind auf die Materie die Form, die sie besitzt. Die Natur besitzt keine Vorstellung, denn das Vorstellen, obwohl niedriger als das Denken, ist immer noch höher als das Formeinprägen, wie die Natur es vollbringt. Die Natur kann weder etwas ergreifen, noch begreifen, während die Vorstellungskraft der Seele das Object in einen innern Besitz verwandelt und es erkennen lässt. Die Natur weiss nur zu erzeugen, sie ist der Reflex der Vernunft, welchen die Seele auf die Materie wirft. Die Natur ist activ in Beziehung auf die Materie, passiv im Verhältniss zur Seele. Die Natur ist die letzte der Substanzen, ihr folgen unmittelbar die Körper, die sie erzeugt und denen sie die Form giebt.

So unterscheidet sich also die Seele von der Natur durch ihren Rang, ihre Thätigkeit, durch den verschiedenen Grad des Göttlichen, an dem Beide Theil haben. —

In ähnlicher Weise, wie den Sternen, ist auch der Erde eine Seele beizulegen. Dass die Erde eine vegetative Kraft besitzt, ist daraus zu schliessen, dass sie viele lebende Wesen hervorbringt, und somit schreiben wir derselben eine eigenthümliche, innere Seele zu. Die Frage nach der Beschaffenheit dieser Seele concentrirt sich um die Frage nach dem Empfindungsvermögen und nach den Bedingungen der sinnlichen Wahrnehmung.

Eine sinnliche Wahrnehmung in derselben Weise, wie sie die menschliche Seele besitzt, ist dem Himmel und der Erde nicht beizulegen. Dazu bedürfte es eines körperlichen Organs, das Himmel und Erde nicht besitzen, auch richtet sich deren Empfindungsvermögen nicht auf ausser ihnen liegende Objecte. Wohl aber muss dem Himmel und der Welt eine Art innerer Sinn ($συναίσθησις$) zugeschrieben werden, ähnlich dem innern Sinn, den wir von uns selbst haben Die einzelnen Theile der Welt haben Empfindung von einander ohne Organe. Auf dieser durch die ganze Welt verbreiteten Sympathie beruht es, dass die Sterne von unsern Gebeten und Gelübden wissen und unsre Gebete erhören; auf ihr beruhen ferner die Wirkungen der Magie. Eine solche All-Empfindung besitzt auch die Erde, und vermöge dieser Sympathie richtet sie Alles, was auf den Menschen Bezug hat, passend für denselben ein. Organe indessen, ähnlich wie die unsrigen, besitzt sie nicht, wie es selbst unter den Thieren nicht immer ähnliche Organe giebt, und wie selbst diejenigen, die keine Ohren haben, doch den Schall auffassen. So besitzt auch die Erde auf diese Weise das Gesicht, d. h. nur die Empfindung ohne das Organ.

Die Erde theilt die vegetative Kraft, die sie besitzt, den Pflanzen mit, die derselben ihre Fruchtbarkeit verdanken. Wie die Pflanzen, so empfängt jeder mit der Erde zusammenhängende Organismus von derselben das Leben. So hat jeder derselben eine Spur der universellen vegetativen Kraft, die über die Erde ausgebreitet ist. Neben dieser vegetativen Kraft und der Empfindung ist der Erde auch eine Art Vernunft beigegeben worden. Es folgt daraus, dass das Unterscheidende der Menschenseele von dieser Seele der Erde und des Himmels **in den eigentlichen Thätigkeiten der menschlichen Seele, deren Mittelpunkt das Denken ausmacht, zu suchen ist.**

Den kosmischen Mächten, d. h. den Einwirkungen der Gestirne und der Magie, die auf der durch das ganze Weltall gehenden Sympathie beruhen, und deren Wirkungsweise nicht die Psychologie, sondern die Physik auseinanderzusetzen hat, ist der Mensch nur durch seinen Körper unterworfen. Sie gewinnen daher auch nur Einfluss auf die Seele, insofern dieselbe in Beziehung zum Körper steht. Die denkende und freie Seele des Weisen entzieht sich diesen Naturmächten und ist denselben in keiner Weise unterworfen.

Kap. II. Die Einheit der Seelen.

Plotin lehrt sowohl die Einheit als den Unterschied der Seelen von einander und widerspricht den einseitig entgegengesetzten Ansichten. Bei der Frage nach der Einheit der Seelen fasst er sowohl die Frage nach der Einerleiheit der Beschaffenheit, nach der numerischen Einheit, wie nach der Individualität in's Auge. — Die Frage nach dem Verhältniss der einen zu den vielen Seelen ist von Plotin gelegentlich [1]) zuerst in dem Buch über das Herabsteigen der Seele in den Körper aufgeworfen worden. Schon hier giebt er die Lösung der Frage, der er später im Wesentlichen treu geblieben ist. Das Verhältniss der einen und der vielen Seelen wird nach Analogie des Verhältnisses der einen Vernunft zu den vielen Intelligenzen erklärt. Die Vernunft enthält in sich δυνάμει die andern Intelligenzen, und die individuellen Intelligenzen enthalten wieder ἐνεργείᾳ, was in jener δυνάμει enthalten ist. Auf dieselbe Weise giebt es zugleich eine und viele Seelen; aus der einen Seele geht eine Verschiedenheit vieler einzelnen Seelen hervor, wie sich aus einer Gattung verschiedene Arten entwickeln.

Plotin hat darauf die Frage zum Gegenstand einer eignen Untersuchung gemacht [2]).

Er geht in dieser Untersuchung von der Bemerkung aus, dass jede individuelle Seele eine sei, weil sie überall als ganze dem Körper gegenwärtig ist. Es entsteht daraus die Frage, ob auf dieselbe Weise, wie die eine Seele im Individuum sich als eine in der Mannigfaltigkeit ihrer Thätigkeiten erhält, auch meine und deine Seele und alle Seelen eine seien, und ob in Allen auf gleiche Weise die Weltseele gegenwärtig sei, welcher Art wir auch diese Einheit der Weltseele noch näher zu bestimmen haben werden.

Der Annahme, dass man in derselben Weise, wie man von der Seele im Einzelindividuum spricht, auch von der Einheit aller Seelen sprechen könne, scheint Manches entgegenzustehen. Wäre meine Seele und eine andere Seele eine, so würde folgen, dass, wenn ich sinnlich wahrnehme, auch der andere sinnlich wahrnehmen muss, dass, wenn ich gut bin, auch jener gut sei, wenn ich begehre, auch er begehre, und dass somit die Gesammtheit aller Seelen

---
[1]) Enn. IV, lib. VIII, cap. 3.
[2]) Enn. IV, lib. IX.

Alles auf gleiche Weise leide, dass, wenn ich leide, das ganze All mitempfindet. Dieser Einheit der Seelen scheint es ferner zu widersprechen, dass die eine vernünftig, die andere unvernünftig ist, dass die eine in Thieren, die andere in Gewächsen sich findet. — Wird andererseits nicht in gewissem Sinn die Einheit der Seelen behauptet, so wird auch das All nicht eins sein können und es wird sich ein Princip der Seelen schwer finden lassen. —

Plotin sucht zuerst die erhobenen Einwände zu widerlegen. Es ist nicht für alle Fälle zuzugeben, dass, wenn meine Seele und die Seele eines andern eine ist, gleiche Wirkung und gleiche Erscheinung sich zeigen müsse; im Gegentheil wird ein und dasselbe Wesen je in einem andern Dinge verschiedene Erscheinungsweisen haben. Wenn also die Seele in mir und in dir eine ist, so ist nicht nothwendig, dass, wenn ich eine sinnliche Wahrnehmung besitze, der andere durchaus in derselben Weise dasselbe $\pi\acute{\alpha}\vartheta o\varsigma$ habe. Wenn ich und du dasselbe empfinden sollten, so müssten wir uns eines aus unsern beiden Körpern zusammengesetzten Körpers bedienen und in dieser Vereinigung würde jede der beiden Seelen dasselbe empfinden. Ferner bleibt das Ganze in Unkenntniss über eine Menge von Empfindungen der Theile eines und desselben Leibes und zwar um so mehr, je grösser es ist; es ist also nicht nothwendig, dass, wenn das einzelne Individuum leidet, das All mitempfinde. Es ist nicht unmöglich anzunehmen, dass, während in mir die Tugend statt hat, sich in dem Andern die Schlechtigkeit findet, da es nicht unmöglich ist, dass dasselbe in dem Einen bewegt werde, in dem Andern ruhe. Die Einheit, die wir annehmen, schliesst den Unterschied nicht aus, wie wir beides ja auch der Vernunft zuschreiben. Um willen ihrer Theilbarkeit und Untheilbarkeit ist die Seele eine und viele. Endlich ist wohl zu bemerken, dass zwar die vom Mittelpunkt des Ganzen ausgehenden Empfindungen sich über alle Theile verbreiten müssen, aber dass nicht nothwendigerweise auch die Empfindungen der einzelnen Individuen auf das Ganze übertragen werden.

Aber nicht allein die Widerlegung der Einwürfe, bestimmte Thatsachen liefern auch den directen Beweis für die Einheit aller Seelen. Wir empfinden untereinander Sympathie, wir trauern mit, wenn wir Andere leiden sehen. Die Liebe scheint gerade auf der Einheit der Seelen zu beruhen. Nur weil es eine Seeleneinheit giebt, vermögen die Zaubergesänge und magischen Künste die getrennten Seelen zusammenzuführen und sympathetisch zu machen.

Plotin unterscheidet dann zwar eine Vielheit der Kräfte der Seele: die untheilbare Vernunft, das im Körper theilbar gewordene Vermögen der Seele, die plastische, den Körper bildende Kraft, diese Vielheit hebt aber keineswegs die Einheit auf; wie auch im Samenkorn sich eine Vielheit von Kräften findet, es aber dennoch eines bleibt. Diese verschiedenen Kräfte der Seele sind aber nicht überall in Wirksamkeit; so kann es geschehen, dass im All die eine Seele vernünftig, die andere vernunftlos, die dritte blos eine Pflanzenseele sei, wie auch in der Einzelseele nicht alle Kräfte gleichzeitig und gleichmässig ins Spiel treten.

Um diese Untersuchung nun zu vervollständigen, so ist zu sagen, auf welche Weise alle Seelen nur eine seien.

Die Seelen sind eins dadurch, dass sie von einer Seele ausgehen, die dennoch dieselbe ganz in sich bleibt, obwohl sie viele Seelen aus sich erzeugt. Zuerst muss eine Seele sein, dann viele Seelen, und diese vielen Seelen müssen von der einen Seele ihren Ursprung nehmen. Dieser Hervorgang der vielen Seelen aus der einen Seele ist nicht nach Art einer Theilung einer körperlichen Masse aufzufassen, was eine materialistische Ansicht von der Seele zur Consequenz hätte. Die Seele ist vielmehr unkörperlich, eine Substanz, ein $εἶδος$; die erzeugten Seelen sind eine $τῷ$ $εἴδει$. Die eine Seelensubstanz der Weltseele bleibt ganz in sich und doch nehmen die vielen Seelen von ihr ihren Ursprung; sie giebt sich ihnen hin und giebt sich zugleich nicht hin; sie ist in allen gegenwärtig; sie theilt sich allen individuellen Seelen mit und bleibt doch in sich eine; sie theilt sich an alle zugleich mit und wird doch durch keine gesondert. Sie ist als dieselbe in vielen. So ist auch die Wissenschaft eine in sich ganze, ihre einzelnen Begriffe gehen von ihr aus, ohne dass sie aufhört, die ganze zu bleiben; dasselbe zeigt das Samenkorn. Jeder einzelne Begriff der Wissenschaft ist dem Ganzen gleich; $ἐνεργείᾳ$ ist er allerdings nichts als ein einzelner, $δυνάμει$ besitzt er indessen auch alle Begriffe in sich. — In dieser selben Weise wie das Verhältniss der ganzen Wissenschaft zum einzelnen Begriff, so ist das Verhältniss der Weltseele zu der einzelnen Seele zu denken und die Einheit aller zu begreifen.

Genügend ist die Frage nach der Entstehung und dem Hervorgang der Seelen aus der einen Seele damit keineswegs beantwortet, daher hat Plotin die Frage in den Aporien³) noch einmal zur Sprache gebracht und hier sowohl eine gründliche Beleuchtung der Ansicht gegeben, welche die Einzelseelen als Theile der Weltseele auffasst, wie die Einheit und Verschiedenheit der Seelen untereinander näher bestimmt.

Als gleich falsch sind zwei Ansichten auszuscheiden: sowohl die, welche die Weltseele in den Einzelseelen aufgehen lässt und ihr das Fürsichsein in ihrer Besonderheit nicht zugesteht, als auch die, welche die selbständige Existenz der Einzelseelen der Weltseele gegenüber wegläugnet.

Die wahre Ansicht hat beide entgegengesetzte Ansichten zu vermitteln und zu verbinden. —

Zunächst bestreitet er die Ansicht derjenigen, die sich das Verhältniss der Einzelseelen zur Weltseele nach Art des Verhältnisses der Theile zum Ganzen denken. Es ist nicht mit Sicherheit festzustellen, von wem diese Ansicht aufgestellt ist. Zu fassen ist diese Ansicht in den Ausdruck: die individuellen Seelen sind Theile der Weltseele und verhalten sich zu derselben etwa ebenso, wie unsere Glieder Theile von uns sind. Begründet wird dieselbe theils durch Widerlegung der entgegenstehenden Gründe, theils durch die Autorität des Plato, der jedoch von Plotin nicht genau citirt, sondern dessen Worte nur dem Inhalt nach ungefähr angegeben werden.

Zunächst weist Plotin nach, dass, wenn man die Seelen als gleichgestaltet und als derselben Gattung zugehörig annimmt, daraus nicht folge, dass die individuellen Seelen Theile der Weltseele seien, sondern nur, dass sie aus einer Seele ihren Ursprung haben, deren Wesen näher dahin bestimmt wird, dass sie in ihrem Fürsichsein besteht. Ferner tadelt Plotin die Ungenauigkeit und Unbestimmtheit, mit der hier das Wort „Theil" gebraucht ist, und spricht sich dann selbst erschöpfend über dessen Sprachgebrauch aus.

Es kann sich hier nicht um Theile eines Körpers handeln, sei es, dass die Körper gleich, sei es, dass dieselben verschieden gestaltet seien. Bei den gleichgestalteten Körpern kommt bei der Theilung nur die Masse, nicht die Form in Betracht. —

In Betreff der unkörperlichen Dinge hat das Wort „Theil" einen verschiedenen Sinn. Es wird gebraucht von Zahlen, von Raumgrössen, endlich wird ein Begriff als Theil der Wissenschaft

---

³) Enn. IV, lib. III, cap. 1 — 8.

aufgefasst. Alle diese Dinge sind Quantitäten und erfahren bei der Theilung Vermehrung und Verminderung, was in Hinsicht der Weltseele durch das Hervorgehen der einzelnen Seelen nicht stattfindet. Evident ist es für die Zahl, die geometrischen Figuren und Körper, dass das Ganze durch seine Theilung vermindert wird und dass jeder Theil kleiner ist als das Ganze. In diesem Sinne kann man nicht von Theilen sprechen, wenn man von der Seele spricht, weil die Seele nicht eine Quantität ist, wie die Zehn, auch keine körperliche oder continuirliche Grösse. Das Verhältniss, das zwischen den Theilen einer körperlichen Grösse zum Ganzen und untereinander besteht, ist durchaus nicht ebenso, wie das Verhältniss der einzelnen Seelen zur Weltseele, denn während die einzelne Seele der Weltseele gleichgestaltet ist, brauchen die Theile einer körperlichen und continuirlichen Grösse weder untereinander, noch dem Ganzen ähnlich zu sein.

Die Weltseele ist auch nicht so in den einzelnen Seelen zertheilt, wie der Wein in verschiedenen Gefässen, denn in diesem Fall würde die selbständige Existenz der Weltseele aufgehoben sein.

Ungelöst bleibt die Frage, ob der Ausdruck Theil von der Seele so zu verstehen ist, wie man den einzelnen Begriff einen Theil der gesammten Wissenschaft nennt. Während Plotin früher durch diesen Vergleich die Natur des Verhältnisses bestimmt hatte, so spricht er jetzt Zweifel aus, dennoch deutet die wiederholte Auseinandersetzung des Verhältnisses wohl darauf hin, dass wir es hier mit Plotins eigner Ansicht zu thun haben. Die Theilung ist hier nichts anderes als der Act, wodurch ein jedes der einzelnen Dinge hervorgebracht wird, welche das Ganze umfasst, und das Ganze bleibt unbeschadet der Theilung ganz und vollständig. So enthält der Lehrsatz δυνάμει die ganze Wissenschaft, und die ganze Wissenschaft bleibt unbeschadet der Theilung ganz und vollständig. Diese Annahme scheint übrigens nicht im Sinne der von Plotin bestrittenen Gegner zu sein.

Die individuellen Seelen sind auch nicht in dem Sinne Theile der Weltseele, wie in einem lebenden Wesen die Seele, die den Finger belebt, ein Theil der durch das ganze Thier verbreiteten Seele ist. — Demnach würde folgerichtig alle Selbständigkeit und aller Unterschied der einzelnen Seele aufhören, und es gäbe nur eine reelle Existenz der Weltseele. Die sinnliche Wahrnehmung aber sowohl wie das Denken sind Funktionen, welche die eigne, unabhängige, selbständig in sich beruhende Existenz jeder Seele fordern, und damit fällt jene Annahme.

In der Durchführung seiner eignen Ansicht, die hier, wie fast überall, nicht zu einem klaren Abschluss geführt ist, sucht Plotin auf gleiche Weise die Einheit wie den Unterschied der Seelen untereinander nachzuweisen. Die Theile, in welche der $νοῦς$ sich scheidet, sind von einander nur durch ihre individuelle Differenz unterschieden und existiren in ewiger Einheit zusammen. In ähnlicher Weise, existiren auch die Weltseelen und die andern Seelen, die von ihrer Substanz ausgehen, bis auf einen gewissen Punkt zusammen. Wenn sie sich aber gleichsam durch ihre obere Spitze, die Vernunft, zur Einheit verbinden, so gehen sie doch in der Folge durch ihre weitere Entwicklung auseinander. Die Weltseele ist und bleibt dabei über der andern Seelen erhaben, insofern sie nicht fähig ist, in die sinnliche Welt hinabzusteigen; die andern Seelen aber sinken dahin hinab und bemächtigen sich eines Körpers, der ihre Sorge in Anspruch nimmt. Demgemäss entwickeln sich dann in der Seele zwei Theile ein oberer und ein unterer Theil, durch ihre doppelte Verflechtung mit der sinnlichen und mit der idealen Welt. Trotz ihrer Einheit die wohl wesentlich in Gleichartigkeit der Beschaffenheit besteht erhalten sich die einzelnen Seelen ihre unzerstörbare Individualität Gleichwie die particulären Intelligenzen, deren $λόγοι$ die particulären Seelen sind, welche die Einheit noch mehr in die Vielheit entfalten, so bewahren sie ihre Differenz und ihre Identität, sie vereinigen sich ohne sich zu vermischen, in der Weltseele, von der sie ausgehen

Die Einzelseele hält ihren Unterschied gegen die Weltseele fest, obwohl alle Seelen gleichgestaltet sind. Die Weltseele hat die Welt geschaffen, die andern Seelen haben nichts schaffen können. Ein und die nämliche Substanz kann nämlich in verschiedenen Dingen auf verschiedene Art handeln oder leiden.

Es besteht ein Unterschied zwischen den Seelen: die Weltseele betrachtet die universelle Vernunft, die individuelle die besondern Intelligenzen. Vielleicht hätten diese letztern Seelen auch das Universum schaffen können, doch die Weltseele ist ihnen zuvorgekommen. Vielleicht hat die Weltseele es geschaffen, weil sie enger mit idealen Dingen verknüpft war, weil die Seelen im Bereich derselben mehr Kraft und Gewalt haben, mit grösserer Leichtigkeit handeln und auf diese Weise schöpferisch wirken. Auf dem verschiedenen Verhältniss der Seelen zur idealen Welt beruht dann

ch der Unterschied eines ersten, zweiten, dritten Ranges der-
ben. So sind auch unter uns nicht alle Seelen gleich, sondern
in bemerkt verschiedene Fähigkeiten der Seelen.

Plotin widerlegt dann durch Erläuterung aller aus dem Plato
tlehnten Stellen die von diesem hergeleiteten Gründe für die
ısicht, dass die Einzelseelen Theile der Weltseele seien.

Die Seelen sind aber nicht nur von der Weltseele, sie sind
ch von einander unterschieden. Gegen diese Theorie des Unter-
hiedes der individuellen Seelen von einander ist nicht die Sym-
thie einzuwenden, welche unter den Seelen besteht; diese Sym-
thie erklärt sich daher, dass alle Seelen von dem nämlichen Princip
en Ursprung herleiten. —

Die Individualität, der Unterschied zwischen den Seelen, hat
, vornehmlichste Ursache die Constitution des Körpers, Sitten,
ındlungen, Gedanken, Führungen der Seele in den früheren
:istenzen, Lebensweise der Seele oder auch deren primitive Natur.
n fernerer Unterschied der Seelen wird durch deren verschiedenen
ıng, d. h. durch ihr verschiedenes Verhältniss zur idealen Welt
dingt. $δυνάμει$ zwar ist jede Seele Alles, $ἐνεργείᾳ$ entwickelt
 aber die eine und die andere Fähigkeit, und wie dadurch, so
rden auch die Seelen durch Betrachtung der verschiedenen Ob-
:te verschieden, denn die Seelen werden das, was sie betrachten.
de Seele hat also im Verhältniss zu andern Seelen Einheit (Gleich-
it der Beschaffenheit) und Verschiedenheit. In sich und für sich
jede Seele auch numerisch eine. Als diese eine durchdringt
 ganz und untheilbar den ganzen Körper, wie die Weltseele das
ıiversum; in welchem Theile auch die Seele es durchdringt, über-
bleibt sie selbst untheilbar. Der Körper des Universums ist
ıer, und die Seele ist überall in ihrer Einheit. Ja, obwohl unter
n Dingen, welche in diesem Universum enthalten sind, die einen
seelt, die andern unbeseelt sind, so bleiben die beseelenden
äfte nichts destoweniger immer dieselben.

Das Unzulängliche der Lösung der Frage schreibt sich daher,
ss wir es hier mit einer der Aporien zu thun haben, die das
erkmal der Unlösbarkeit schon damit an sich hat. —

Kap. III. Das Herabsteigen der Seele in den Körper.

Zum ersten Mal wirft Plotin die Frage, wie die Seele in den Körper gekommen ist, im VII. Buch der 4. Enneade (II. Kirchh.) im 13. cap auf und fasst zugleich seine Resultate zusammen. Die Thatsache des Herabsteigens der Seele in den Körper ist um so auffallender als sonst alles Ideale vom Sinnlichen gesondert erscheint, und for dert zur Erklärung auf. —

Soweit die Seele reiner Geist und reine Vernunft ist, verwei sie in der idealen Welt und führt dort ohne Wunsch und ohn Begierde ein seliges Leben. Es giebt aber einen unvernünftige Theil der Seele, er ist der Begierde theilhaftig und fähig, und durc denselben entfernt sich die Seele von der idealen Welt. Sie wünsc die sinnliche Welt, nach dem Urbilde der Ideen, welche sie geschar hat, zu gestalten, und dies ist der Grund, warum sie zur sinn lichen Welt in Beziehung tritt. Die Einzelseele theilt mit der Wel seele die Verwaltung und Sorge für das Universum; indem sie sic aber einen Theil desselben zur Verwaltung aussucht, trennt sie sic ab und vereinzelt sich in dem Körper, den sie beseelt. Sie gel indessen nicht ganz in den Körper auf, sondern erhält einen The ihrer selbst ihrem Körper transcendent. Die Seele existirt als theilweise im Körper, theilweise ausserhalb desselben. Sie gel aus von der Welt des $\nu o\tilde{v}\varsigma$ und steigt hinab in das Reich der $\varphi \dot{v} \sigma \iota$

Plotin hat dann die Untersuchung über diese Frage zu eine eignen Buche erweitert [1]).

Die Frage nach der vorzeitlichen Existenz, dem Zustande de Seele in derselben und nach ihrem Herabsteigen in den Körpe entsteht aus dem Widerspruch des gegenwärtigen Zustandes de Seele zu ihrer wahren Natur, deren sich die Seele für Augenblick bewusst wird. Es entwickelt sich daraus für sie das Problem, w sie aus ihrer ursprünglichen Natur in diesen Zustand gekommen is

Es giebt Zustände, in denen die Seele gleichsam aus eine Traume zu sich selbst erwacht, in sich ist und ihrer selbst sic bewusst wird. Dann erkennt sie in sich eine wunderbare Schönhe und ist eines seligen Looses und Lebens theilhaftig. Dieser Zusta erhebt sie in den Bereich des Göttlichen. Wenn sie aus diese gottähnlichen Zustand wieder in die Sphäre hinabsinkt, in der s

---

[1]) Enn. IV, lib VIII (VI. Kirchh.).

ur des reflectirenden Bewusstseins mächtig ist, dann entsteht die
rage: wie ist ein Rücksinken aus jenem Zustand überhaupt mög-
ch, wie hat sich die Seele, die noch jetzt, wenn sie zu sich selbst
ommt, jenes göttlichen Zustandes theilhaftig ist, überhaupt in den
örper hinabgesenkt? Die Fragen, welche die Abhandlung lösen
ll, werden in die Form gefasst: wie ist die Seele zur Gemeinschaft
it dem Körper gekommen, und welches ist die Natur der Welt,
der die Seele lebte?

Plotin erwähnt zunächst den Versuch der Lösung der Frage
der althellinischen Philosophie und begleitet die Angaben mit
itischen Bemerkungen.

Zuerst hat auf jene Frage Heraclit geantwortet; die Gründe,
e er angiebt, sind metaphysischer Natur. Er setzte eine noth-
endige Abwechselung des Entgegengesetzten, einen Wechsel des
inen nach dem Andern ($\dot{\alpha}\mu o\iota\beta\dot{\alpha}\varsigma$ $\dot{\alpha}\nu\alpha\gamma\kappa\alpha\dot{\iota}\alpha\varsigma$ $\tau\iota\vartheta\dot{\epsilon}\mu\epsilon\nu o\varsigma$ $\dot{\epsilon}\kappa$ $\tau\tilde{\omega}\nu$
$\dot{\epsilon}\alpha\nu\tau\dot{\iota}\omega\nu$), er nahm den Weg von unten herauf und von oben
erab an ($\dot{o}\delta\dot{o}\nu$ $\ddot{\alpha}\nu\omega$ $\varkappa\alpha\dot{\iota}$ $\varkappa\dot{\alpha}\tau\omega$ $\epsilon\dot{\iota}\pi\dot{\omega}\nu$), er lasste den Wechsel als
ne Erholung und das Beharren in derselben Thätigkeit als eine
rmüdung auf „$\mu\epsilon\tau\alpha\beta\dot{\alpha}\lambda\lambda o\nu$ $\dot{\alpha}\nu\alpha\pi\alpha\dot{\iota}\epsilon\tau\alpha\iota$", $\varkappa\dot{\alpha}\mu\alpha\tau o\varsigma$ $\dot{\epsilon}\sigma\tau\iota$ $\tau o\tilde{\iota}\varsigma$
$\alpha\dot{\upsilon}\tau o\tilde{\iota}\varsigma$ $\mu o\chi\vartheta\epsilon\tilde{\iota}\nu$ $\varkappa\alpha\dot{\iota}$ $\ddot{\alpha}\rho\chi\epsilon\sigma\vartheta\alpha\iota$ ($\ddot{\alpha}\gamma\chi\epsilon\sigma\vartheta\alpha\iota$ Creuzer). Plotin hat
diesen Sätzen die dunkle Ausdrucksweise auszusetzen. Heraclit
sst nur vermuthen und errathen, was er hat sagen wollen, ohne
ch klar und deutlich auszusprechen, so dass, anstatt dass seine
ussprüche über die Frage Auskunft geben sollten, sich die Schwie-
gkeit der Untersuchung nur erhöht.

Empedocles nimmt einen ethischen Grund an. Er setzt
e Ursache des Falls der Seele in eine Sünde. Es ist Gesetz für
ie Seelen, welche gesündigt haben, in einen Körper hinabzusinken
nd dem Streite anheimzufallen. Empedocles sprach damit dasselbe,
ur in klarer und begrifflicher Form aus, was die Pythagoräer dar-
ber in räthselhafter Weise gesagt hatten. Dennoch ist auch die
edeweise des Empedocles nicht klar, da er sich der poetischen
edeform und Ausdrucksweise bedient.

Plato endlich, der häufig in seinen Schriften über die Herab-
unft der Seele in den Körper gesprochen hat, stimmt nicht an
llen Stellen mit sich überein, so dass es nicht leicht ist, seinen
igentlichen Gedanken zu erfassen. Im Allgemeinen aber achtet er
ie ganze sinnliche Welt gering, beklagt die Gemeinschaft der Seele
it dem Körper, sagt, dass die Seele im Körper wie in einer Fessel

oder in einem Grabe sich befände; oder es wird auch von ihm und andern die sinnliche Welt als Gefängniss, Höhle und dergleichen bezeichnet, deren Fesseln durch die Erhebung der Seele in die ideale Welt gelöst werden. Im Phaedrus sagt Plato, dass der Verlust der Flügel die Ursache des Falles der Seele gewesen sei. Gewisse Weltperioden haben dieselbe hierher versetzt, Urtheilssprüche, Zufall oder Nothwendigkeit haben die Seele in die irdische Existenz herabgeschickt. Im Timaeus lässt Plato die Seele der Welt zu dem Zweck beigegeben werden, um derselben die Vernunft immanent zu setzen. Sowohl die Weltseele, wie die individuellen Seelen sind in die Welt gekommen, um die Vollkommenheit des Weltalls zu vollenden [2]).

Im Anschluss darin führt dann Plotin näher aus, wie die Weltseele und die individuelle Seele sich durch die verschiedene Art der Fürsorge von einander unterscheiden, indem die Weltseele, gleichsam wie eine königliche Macht, nur für das Allgemeine Sorge trägt, während sich die Thätigkeit der Einzelseelen auf das Besondere bezieht.

Das Verhältniss der Weltseele und der einzelnen Seelen zu einander wird nach Analogie des Verhältnisses der einen Vernunft und der vielen Intelligenzen erklärt. —

Der Grund der Lostrennung der Seelen von der idealen Welt wird in deren Wesen und deren Fähigkeiten gesucht. Allerdings besteht die Thätigkeit der vernünftigen Seele im Denken, jedoch nicht im Denken allein, weil es sonst zwischen der Seele und der Vernunft keinen Unterschied geben würde. Es liegt im Wesen der Seele, zu ihrer idealen Natur noch eine andere Natur hinzuzunehmen, und daraus folgt, dass sie nicht allein in der Sphäre des $νοῦς$ bleiben, sondern sich auch davon sondern kann. Es kommt nämlich darauf an, ob sich die Seele zu dem verhält, was über ihr ist, zur Vernunft; in diesem Falle denkt die Seele; oder ob sie sich zu sich selbst verhält und dabei ihre erhaltende Lebenskraft ausübt, oder ob ihre Thätigkeit sich auf die sinnliche Welt erstreckt; in diesem Falle wird sie ihre beseelende, ordnende Kraft in's Spiel setzen. Da es nun im Wesen der Seele liegt, diese Thätigkeit zu üben, so folgt die Möglichkeit ihrer Lostrennung von der idealen Welt.

---

[2]) Die Stellen im Plato sind folgende: Cratyl p. 400. Phaedon p. 62. Republ. VII, p. 514. Phaedrus p. 246 ff. Timaeus p. 30; p. 34.

Es ist nun ein doppelter Zustand der individuellen Seele und ne doppelte Art ihrer Thätigkeit zu unterscheiden, und zwar ist e individuelle Seele 1) in Einheit mit der Weltseele und 2) beim ebergang in einen Körper zu betrachten. —

In Einheit mit der Weltseele haben die Seelen Macht über is Irdische. Sie sind ohne Leiden, beherrschen und verwalten mit er Weltseele den Himmel, und gleich vollendet, wie diese, selbst is All. Der Uebergang in den andern Zustand wird als ein Ueberng vom Ganzen zum Theil, vom Allgemeinen zum Einzelnen beihrieben. Die Seelen wollen etwas für sich sein, dadurch werden e selbst ein Theil, vereinzelt, schwach und vielbeschäftigt, denn e beschäftigen sich mit einem vom All gesonderten und unterhiedenen Wesen, dem Körper, welcher zerstörenden Wirkungen nterworfen ist. Je mehr die Seele sich der Sorge für das Einlne und Individuelle hingiebt, entfernt sie sich vom Ganzen und llgemeinen, und wird dem Körper, mit dem sie sich beschäftigt, inz innerlich. Das ist der Fall der Seele, der Verlust ihrer ehealigen Existenz, das Herabsinken in einen Kerker und in eine öhle, wobei die sinnliche Wahrnehmung an Stelle des Denkens tritt.

Die Rückkehr in das selige, ideale Leben geschieht durch enkende Erhebung; sie ist möglich, weil die Seele einen gewissen heil ihrer edlern Natur noch immer bewahrt hat.

So führt die Seele ein Doppelleben in der idealen Welt und der erscheinenden sinnlichen Welt. Je grösser ihre Gemeinschaft it der Vernunft ist, um so mehr lebt sie in der idealen Welt; e lebt mehr in der sinnlichen, wenn sie am entgegengesetzten esen Theil hat. Plotin glaubt sich hier in Uebereinstimmung mit lato. —

So kann man sich für dieses Herabsteigen der Seele in den örper sehr wohl der von Plato gewählten Ausdrücke bedienen. —

Mit Heraclit kann man sagen, dass die Ruhe in der Flucht estehe.

Mit Empedocles kann man ihr Herabsinken als Busse für eine ünde auffassen. Es ist eine doppelte Fehle ($\dot{\alpha}\mu\alpha\varrho\tau\acute{\iota}\alpha$) anzunehen: eine vorzeitliche und eine zeitliche Schuld; die eine ist die rsache, warum die Seele hierher hinabsteigt, die andere besteht i den Vergehungen, die sie sich während ihrer zeitlichen Existenz u Schulden kommen lässt und dadurch leidet. —

Es folgt zunächst, dass der irdische Zustand und die Verkörperung der Seele nicht nothwendig auch für dieselbe ein Uebel sei. Wenn die Seele die Welt wieder flieht, so trägt sie keinen Schaden davon. Sie gewinnt Kenntniss von der Welt und ihrem Uebel, entfaltet ihre eignen Kräfte, die sie nothwendiger Weise aus der Potentialität in die Actualität überführen muss. Nur dadurch gewinnt sie in Wahrheit Existenz und Realität, indem die $\mathit{\dot{\varepsilon}\nu\dot{\varepsilon}\varrho\gamma\varepsilon\iota\alpha}$ es ist, welche die $\mathit{\delta\acute{v}\nu\alpha\mu\iota\varsigma}$ offenbar macht, die ohne das ein verborgenes dunkles Wesen bliebe. Das Inwendige wird aus der Schönheit der vielfachen Aeusserungsweise erkannt, indem von der äussern auf die innere Schönheit geschlossen wird. —

Wir haben bisher indessen nur die Sache von der einen Seite betrachtet, sie als eine That der Freiheit der Seele, als Entwicklung ihrer Fähigkeit aufgefasst, indem wir auf die selbständige und freie Neigung der Seele hindeuteten, ihre Kraft zu entfalten, die Natur zu ordnen und zu schmücken. Die Verkörperung der Seele ist aber ebensowohl eine That der Nothwendigkeit, als der Freiheit, weder freiwillig, noch unfreiwillig. Sie geschieht auf gleiche Weise durch ein ewiges Naturgesetz, wie spontaner Weise durch das Leben der Seele selbst und deren Bewegung. Einerseits leiten alle, auch die letzten und äussersten Regungen von einem ersten Princip her, andererseits trägt das Wesen selbst die Schuld seiner Lage. — Somit haben wir denn noch die Verkörperung der Seele als Erfüllung eines Weltgesetzes zu begreifen.

Das Eine existirt nicht allein. Es kann nicht in seinem Fürsichsein bleiben und muss sich durch ein inneres Gesetz entfalten. Aus ihm entwickelt sich die Vielheit der Intelligenzen und Ideen nach gesetzmässiger Nothwendigkeit. Nach ihnen wiederum entstehen die Seelen, und die Dinge, welche wiederum von diesen gezeugt werden, treten in das Leben. Es liegt in der Natur jedes Wesens, etwas tiefer unter ihm Stehendes zu erzeugen, obgleich es bei diesem Act der Zeugung das bleibt, was es ist. Ohne Schranke und ohne Neid wirkt diese vom Guten ausgehende Kraft und erstreckt sich auf Alles, was sie fassen kann. Dadurch besteht nun ein innerer Zusammenhang zwischen den sinnlichen und den idealen Dingen. Die sinnlichen Dinge, welche den idealen Dingen nachahmen, haben Theil an der Idee und zeigen dadurch Vorzüge, Güte und Macht der idealen Welt an.

Zwischen der sinnlichen und der idealen Natur vermittelt nämlich die Seele, die eine doppelte Thätigkeit hat, im Verhältniss zu dem, was unter ihr, und zu dem, was über ihr ist; für die es zwar am besten ist, in der idealen Welt zu sein, die aber auch in Folge innerer Nothwendigkeit an der sinnlichen Natur Theil nimmt. Sie theilt der sinnlichen Natur ihre Kräfte und Wirkungen mit und empfängt auch wiederum wechselseitig Einwirkungen derselben, je mehr sie nämlich sich von der Weltseele losreisst und ganz in den Körper eingeht. Aus diesem Zustand kann sie sich übrigens durch rechte Selbsterkenntniss und Erkenntniss der idealen Natur wieder erheben.

Plotin behauptet dann noch gegen die gewöhnliche Annahme und Ansicht, dass sich die Seele nicht ganz in den Körper senkt, sondern dass ein gewisser besserer Theil derselben ewig in der idealen Welt verharrt. So hat die Seele einen Theil, der abwärts gewandt ist gegen den Körper, und einen Theil, der aufwärts gegen den νοῦς gerichtet ist. Durch dieses Doppelverhalten wird die Art des Denkens und Begehrens der Seele bestimmt. In Harmonie sind die beiden Seiten des Seelenlebens in der Weltseele, während dass die individuelle Seele oft durch den Körper verwirrt und beunruhigt wird, indem die Sorge für den bedürftigen Körper sie mannigfach in Anspruch nimmt. Der edlere Theil der Seele ist unempfänglich für die Lockungen des sinnlichen Vergnügens und lebt ein gleichförmiges Leben. —

Plotin ist noch einmal [3]) auf diese Untersuchungen in den Aporien zurückgekommen. Er entwickelt darin die Gründe für das Herabsteigen der Seele in den Körper und die Art und Weise ihres Hinabsteigens.

Es giebt zunächst zwei Arten für die Seele, in einen Körper hinabzusteigen: die erste die Metensomatose, wenn sie sich bereits im Körper befindet und nur den Leib wechselt, und die zweite, wenn sich die Seele aus einem unkörperlichen Zustand in einen Körper herabsenkt und somit zum erstenmal in ein Verhältniss zum Körper tritt. Es handelt sich hier um die letztere Art der Inkorporirung.

Begonnen wird die Auseindersetzung mit der Weltseele und deren Verhältniss zum Körper des Universums. Wenn wir von

---

[3]) Enn. IV, lib. III, cap. 9 — 17 (XXVI Kirchh.).

einem Herabsteigen der Weltseele in den Körper des Universums reden, so ist das allein ein Wort und ein Ausdruck. Das Universum war ewig beseelt, es gab keinen Augenblick, in dem Seele und Körper getrennt waren. Wir nur scheiden durch den Gedanken die ewig zusammengehörenden Bestandtheile und sprechen von dem Ewigbestehenden als von einem Nacheinander. Gäbe es keinen Weltkörper, so gäbe es für die Weltseele keine Entwicklung. Sie erzeugt sich selbst den Körper der Welt als einen Schatten ihrer selbst, sie bringt den Raum und die Zeit hervor, giebt der Materie die Form, wohnt in der Welt, ordnet und schmückt dieselbe, und so wird das Universum ein schönes und vollkommenes Ganze. Das Universum empfängt so viel an Sein und Schönheit, als es zu fassen vermag, ohne dass die Weltseele selbst etwas von ihrer Schönheit verliert. Sie ist gegenwärtig in der Welt, ohne deren Eigenthum zu werden, sie beherrscht und besitzt, ohne beherrscht und besessen zu werden; das Universum vielmehr ist in der Seele. Die Weltseele, in sich unermesslich und unendlich, bestimmt die Ausdehnung der Welt, der Schöpfungsact selbst aber wird von Plotin auf phantastische und unklare Weise beschrieben, woraus nur die Angabe des Unterschiedes der Hervorbringungen der Natur und der Kunst zu bemerken ist. Das Schaffen der Natur geschieht ohne Mühe, Sorge und Arbeit, ohne Instrument und Maschinen. Durch ihren Schöpfungsact vermittelt die Weltseele an die Welt alle idealen Dinge, auch das Göttliche, deren $\lambda\acute{o}\gamma o\iota$ sie in sich besitzt, und theilt ihr das Leben mit. Die Alten, welche die Götter gegenwärtig machen wollten, indem sie Statuen errichteten, haben die Natur des Universums wohl durchdrungen, die Allgegenwart der Weltseele nämlich und die Vermittlung des Göttlichen an die Welt durch die Weltseele. So ist denn die Weltseele gleichsam der Interpret; durch sie steigt Alles aus der intelligibeln in die sinnliche Welt, sie übermittelt die Ideen, die sie in der göttlichen Vernunft betrachtet, an die Natur, sie führt aber auch aus der sinnlichen Welt in die ideale Welt zurück. Die Mythe von Pandora wird auf die Welt gedeutet, welche durch die Seele mit idealen Gaben beschenkt ist.

Was die Menschenseelen betrifft, so ist der Grund ihres Hinabsteigens darin zu suchen, dass sie von oben herab die Bilder ihrer selbst, die Körper, sehen, und für dieselben Sorge tragen wollen. Die Seelen werden das, was sie denken. Der Gedanke an sinnliche Dinge führt sie in die irdische Welt hinab. — In Bezug auf die Art und Weise ihres Hinabsteigens wird bemerkt, dass sie nicht ganz von der idealen Welt getrennt sind. Die Vernunft bleibt in der idealen Welt, und wenn sie mit den Füssen die Erde berühren, so ist ihr Haupt im Himmel. Auch sind ihre Bande sterblich: es giebt Ruhe in gewissen Zwischenräumen, Befreiung vom Körper und Rückkehr in die ideale Welt. —

Alle diese Verhältnisse, das Auf- und Absteigen der Seelen, sind durch ein Weltgesetz geordnet. Die Seele befolgt nur diese Ordnung und dieses Gesetz beim Wechsel ihres Zustandes, wobei eine Uebereinstimmung zwischen der universellen Ordnung und den Bewegungen der Seele herrscht, und die Seelen sich derselben conform machen, ohne davon abzuhängen. An den von den Sternen gebildeten Figuren finden so die Thätigkeiten, Schicksale und Bestimmungen der Seele ihre Zeichen. —

Es besteht ferner eine Uebereinstimmung der Natur des Körpers, in den die Seele treten soll, mit der in der Seele sich findenden Anlage. Die unausweichliche Nothwendigkeit oder göttliche Gerechtigkeit besteht in der Ordnung, welche jede Seele in ein entsprechendes körperliches Bild eingehen lässt, das zugleich Object ihrer Wahl und freien Selbstbestimmung ist, und gegen das auf der andern Seite, um willen der Uebereinstimmung der innern Natur, die Seele wieder mit allgewaltiger Nothwendigkeit gezogen wird. Das Herabsteigen der Seele in den Körper, wobei die Seele tiefer oder weniger tief steigen kann, ist somit zugleich ein Act der Nothwendigkeit und der Freiheit, ist weder freiwillig noch gezwungen, sondern geschieht auf dieselbe Weise, nach der sich alle Thätigkeiten der Natur vollziehen. Die Seele vollzieht nur die ihr gegebene, ewige Bestimmung, das in ihr liegende Gesetz. —

Der Weg, den die Seelen bei ihrem Herabsteigen in den Körper nehmen sollen, wird sehr phantastisch beschrieben. Die Seelen steigen zuerst von der idealen Welt in den Himmel, in den der idealen Welt benachbarten und besten Ort der sichtbaren Welt. Hier nehmen sie einen Körper an, vermittelst dessen sie in den irdischen Körper eingehen.

Bei der Wahl des Körpers und Versetzung in die Bedingungen irdischer Existenz findet strenge Gerechtigkeit statt. Die Uebel, welche die Guten gegen jede Gerechtigkeit zu treffen scheinen, sind Folgen früherer Fehltritte. Diese Uebel liegen nicht in der Absicht der Vorsehung, sondern sie treten zufälliger Weise ein, und solche Zufälle sind kein Uebel für den, der sie zu ertragen vermag. Eine begangene Ungerechtigkeit ist jedenfalls eine Ungerechtigkeit für den, der sie begeht, braucht aber nicht ein Uebel für den zu sein, der sie leidet, und das Leiden, welches den Guten trifft, kann zum Guten hinausführen. Die Weltordnung giebt mit voller Gerechtigkeit einem Jeden das ihm Gebührende; wenn dem etwas zu widersprechen scheint, so ist es, weil es aus unbekannten Ursachen geschieht. — Die Verkörperung der Seele hängt übrigens mit Veränderung ihrer Funktionen zusammen, z. B. des Gedächtnisses, des Bewusstseins, worauf wir im nächsten Abschnitt zurückkommen werden. —

Zweiter Theil.

Die Seele in zeitlich-räumlicher Erscheinung.

Kap. I. Vom Wesen der Seele.

Die Erörterung über das Wesen der Seele hängt zusammen mit der Lehre „von der Unsterblichkeit der Seele", der ältesten Theorie von der Seele überhaupt [1]). Im Wesen der Seele wird deren Unendlichkeit aufgezeigt, und aus dem Wesen unmittelbar auf die Unsterblichkeit geschlossen. Es sind dabei drei Fälle möglich: ein jeder von uns ist seinem ganzen Wesen nach unsterblich, oder er fällt ganz der Vernichtung anheim, oder ein Theil von uns ist vergänglicher Natur, der andere dauert ewig fort. Der Mensch nämlich ist kein einfaches Wesen, sondern besteht aus Seele und Leib, der entweder wie ein Werkzeug an uns ist oder auf andere Weise uns anhaftet. Vielleicht ist auch das gegenseitige Verhältniss zwischen der Seele, d. i. dem herrschenden Princip, dem eigentlichen Menschen, und dem Körper das der Idee zur Materie ($εἶδος\ πρὸς\ ὕλην$), oder das des Arbeiters zum Werkzeug.

Ueber den Körper und die Beziehungen, in welche die Seele durch denselben zur Natur tritt, soll später gehandelt werden; zuerst wenden wir uns zur Auseinandersetzung dessen, was die Seele sei.

Ueber das Wesen der Seele sind zwei Ansichten möglich. Die Seele ist entweder ein Körper; in diesem Falle würde sie sich auflösen, denn jeder Körper ist zusammengesetzt; oder die Seele ist anderer Natur als der Körper: dann ist zu untersuchen, welcher Art sie ist.

---

[1]) Enn. IV, lib. VII, cap. 1 — 9 (II Kirchh.)

Kritik der materialistischen Ansichten vom Wesen der Seele.

Plotin verfährt nicht streng historisch, sondern lässt das, was in verschiedenen Schulen von materialistischen Ansichten über das Wesen der Seele vorgebracht ist, zu einem Begriff des Materialismus zusammen.

Nach der ersten Definition, die aufgestellt wird, soll die Seele eine gewisse Art von Körper sein. Plotin hat dabei wohl Ansichten im Auge, wie sie nach Aristoteles de anima I, 2 von den ionischen Naturphilosophen aufgestellt sind, von denen die Einen die Seele als Luft, Andere als Wasser, Andere als Feuer auffassten.

Die Widerlegung ist folgende:

Vorausgesetzt wird, dass die Seele das Leben in sich habe, und dass der Körper, der Seele genannt wird, aus zwei oder mehreren Theilen besteht. Es folgt dann, dass entweder jeder dieser Theile das Leben in sich fasst, oder dass der eine es in sich fasse, der andere nicht, oder dass es kein Theil in sich fasse.

Der Ansicht, dass jeder der Theile das Leben in sich fasse, widerspricht, dass ein Theil, der das Leben in sich lasst, völlig genügt.

Der eine Theil, der das Leben in sich fasst, würde die Seele sein. Nun hat aber nichts Körperliches und Materielles von sich selbst das Leben in sich. Die Elemente: Feuer, Wasser, Luft und Erde sind an sich ohne Leben und gewinnen erst durch die Seele ein entlehntes Leben. Dasselbe würde mit jedem andern denkbaren Element statthaben. Ein einzelner körperlicher und materieller Theil kann also nicht die Seele sein, da sein Wesen als unbelebt der Natur der lebendigen Seele widerspricht.

Die Annahme, dass keiner der körperlichen Theile das Leben in sich lasse, würde zu der Folge führen, dass das Leben durch die Vereinigung der körperlichen Elemente hervorgerufen sei, was widersinnig ist; wie es überhaupt widersinnig ist, dass das Vernunftlose das Vernünftige erzeugen soll. — Auch der Ausweg: dass eine Vereinigung der körperlichen Elemente von besonderer Art Leben und Seele hervorbringen soll, wird zurückgewiesen. Eine Mischung besonderer Art setzt ein ordnendes Princip und eine Ursache der Mischung voraus; dieses Princip und diese Ursache würden eigentlich die Seele sein.

Es folgt das Resultat, dass die Seele kein Körper sein kann, weil kein Körper ohne die Seele existirt. Er gewinnt nur dadurch Existenz, dass der Begriff ($λόγος$) zur Materie ($ὕλη$) hinzutritt. Dieser Begriff aber entstammt selbst der Seele.

Es folgt eine Widerlegung der atomistischen Seelenlehre. Plotin bestreitet die Ansicht, dass die Seele durch eine Vereinigung von Atomen hervorgebracht werde, eine Ansicht, die in älterer Zeit von Leukipp und Demokrit, in späterer von Epikur aufgestellt worden ist.

Die Widerlegung geht von der Behauptung aus, dass jeder Theil der Seele ein Allgemeingefühl für die gesammte Seele besitzt. Die Seele kann daher nicht aus so empfindungslosen Bestandtheilen wie die Atome zusammengesetzt sein. Ferner zeigt jenes Allgemeingefühl, dass die Seele eine Einheit sei, während dass die Atome nur äusserlich zu einem Aggregat verbunden sind, nicht aber innerlich eine wahre Einheit ausmachen können. Ueberhaupt liegt im Begriff des Atoms ein innerer Widerspruch, da zugleich dessen Körperlichkeit und Untheilbarkeit, was miteinander unverträglich ist, behauptet wird. Das führt auf den Schluss, dass die Seele nicht aus Atomen bestehen könne.

Ferner wird ausgeführt, dass die Einfachheit der Seele und die Nothwendigkeit der Zusammensetzung des Körpers einander widersprechen. Jeder Körper ist zusammengesetzt, selbst beim einfachen Körper ist zwischen Materie ($ὕλη$) und Form ($εἶδος$) zu unterscheiden. Es ist nun offenbar, dass die Seele, die quantitativ eine und qualitativ einfach ist, nur eins von beiden sein kann, $ὕλη$ oder $εἶδος$. Nun kann die nur quantitative Materie, als qualitätslos, das Leben nicht in sich besitzen, also kann sie nicht Seele sein, und die Seele wird die Natur der Idee und Substanz an sich haben müssen. Der Einwand, dass diese Substanz selbst nur eine Modification der Materie sei ($πάθημα\ τῆς\ ὕλης$, stoisch), wird durch die Frage nach dem Princip aufgelöst, welches der Materie diese besondere Gestalt und Modification gegeben hat, eine Frage, die nothwendig zur Annahme eines immateriellen und unkörperlichen Princips führt, das den Gedankenkreis der materiellen Weltanschauung durchbricht.

Ferner führt Plotin aus, dass ohne Annahme der Seele die ganze Welt nicht Bestand haben könnte. —

Wenn es nur Körper gäbe, so würde Alles in beständiger Veränderung und in stetem Uebergange begriffen sein; auch der

Körper, dem man den Namen der Seele geben würde, würde seine Vernichtung mit den andern Körpern leiden. Ja, es gäbe nur die Materie, und beim Mangel des formenden Princips würde Alles in ungeformtem Zustande verharren. So würde also die Welt zu Grunde gehen, wenn das Universum selbst von einem theilbaren, also zerstörbaren Körper abhinge. Es wäre keine Vernunft im Weltall, und Alles wäre dem Zufall preisgegeben, so dass es also ohne Seele in der Welt weder Ordnung noch Existenz giebt.

Auch Diejenigen, welche annehmen, dass die Seele ein Körper sei, müssen doch zugestehen, dass dieselbe ein Körper besonderer Art sei. So nehmen die Stoiker ein $\pi\nu\varepsilon\tilde{u}\mu\alpha$ $\check{\varepsilon}\nu\nuοῦν$, ein $\pi\tilde{v}\varrho$ $\nuοερόν$ an. Es wird also von einem besonders gearteten Feuer, einer besonders gearteten Luft als Seele gesprochen ($\tauὸ$ $\deltaέ$ $\pi\omega\varsigma$ $\check{\varepsilon}\chiον$ $\pi\nu\varepsilon\tilde{u}\mu\alpha$), wie überhaupt der vieldeutige Ausdruck $\tauό$ $\pi\omega\varsigma$ $\check{\varepsilon}\chiον$ eine Zuflucht der Stoiker ist, wenn sie ein Princip neben und über dem Materiellen und Körperlichen annehmen. Dies $\tauό$ $\pi\omega\varsigma$ $\check{\varepsilon}\chiον$ ist entweder etwas ($\tau\tilde{\omega}\nu$ $\check{o}\nu\tau\omega\nu$), oder es ist nichts. Ist es nichts, so existirt nur die Materie, Gott und die Seele sind blosse Namen, dann wäre aber die Annahme desselben überhaupt widersinnig. Ist es aber etwas ($\tau\tilde{\omega}\nu$ $\check{o}\nu\tau\omega\nu$), so ist es auch ein von der Materie gesondertes und verschiedenes Princip, und es wird eine ideale Existenz haben müssen. —

Ein neuer Beweis, dass die Seele kein Körper sein könne, wird aus der verschiedenen Wirkungsweise von Körper und Seele hergeleitet.

Die Körper, verschieden durch ihre Qualitäten, können nur diese eine ihnen anhaftende Qualität wirkend auf andere übertragen, z. B. kann das Warme nur warm, das Schwarze nur schwarz machen. Die Seele hingegen ist im Stande, nicht nur in verschiedenen lebenden Wesen verschiedene Wirkungen hervorzubringen, sondern auch in denselben Wesen Verschiedenes und Entgegengesetztes zu wirken, und sie bald so, bald so zu gestalten. Es folgt, dass die Seele kein Körper sein kann.

Die Bewegung bei Körper und Seele ist verschiedenartig.

Die Bewegung des Körpers ist nur eine, während sich die Seele auf verschiedene Art bewegt. Die Gründe dieser Bewegungen werden sowohl im freien Willen, als in den Begriffen gesucht. Nun kommt aber einem Körper weder freier Wille, noch eigentlich Begriff ($\lambdaόγος$) zu. Der Körper hat am Begriff nur insoweit Antheil, als er ihm vom Princip mitgetheilt wird, das ihn qualitativ bestimmt. Also ist die Seele kein Körper.

Es ist die Eigenschaft des Körpers, bis zu einer bestimmten Grösse zu wachsen, der Seele aber, wachsen zu lassen. Ist nun die Seele Körper, so muss sie mit den Organen mitwachsen. Die bei diesem Process hinzutretenden Theile sind entweder seelenhafter Natur oder nicht. Beide Annahmen führen auf unlösbare Fragen und Widersinnigkeiten. Es würde eine beständige Veränderung, eine beständige Ab- und Zunahme stattfinden, was dem Begriff der Seele als einem mit sich selbst identischen Wesen widersprechen, und die Möglichkeit des Gedächtnisses und der Erkenntniss aufheben würde. Somit ist zu schliessen, dass die Seele kein Körper sei.

In der darauf folgenden Widerlegung geht die Anwendung zweier Kategorien: des Ganzen und seiner Theile und der Quantität auf Körper und Seele nebeneinander und ineinander, woraus auf einen Unterschied von Körper und Seele geschlossen wird. —

Wäre die Seele ein Körper, so hätte sie bei der Theilbarkeit jedes Körpers Theile, die dem Ganzen nicht identisch sind; ebenso, wenn die Seele ein Quantum wäre, so könnte sie nichts verlieren, ohne aufzuhören Seele zu sein. Denn ein Körper, dessen Masse sich verringert, bleibt nur in Bezug auf Qualität derselbe, ändert sich aber der Quantität nach. — Bei der Seele ist aber jeder Theil dem Ganzen identisch; auch fällt die Seele nicht unter den Begriff der Quantität. Sie ist überall ganz vorhanden, während dass der Körper weder in jedem Theile ganz sein kann, noch Theile besitzt, die dem Ganzen gleich sind, und überhaupt unter die Kategorie der Grösse und des Quantums fällt. Der Grund also, warum die Seele mit sich selbst identisch bleibt, ist darin zu suchen, dass sie anderer Natur ist, als das Quantitative, nämlich unkörperlicher Natur. Seele und Begriff sind quantitätslos im Sinne der sinnfälligen Quantität.

Wäre die Seele ein Körper, so könnte weder die sinnliche Wahrnehmung, noch das Denken, noch die Tugend stattfinden.

Die Unmöglichkeit der sinnlichen Wahrnehmung wird auf dreifache Art dargethan.

a) Die sinnlichen Wahrnehmungen setzen ein einheitliches Princip voraus, das aus den Empfindungen der verschiedenen Organe die Wahrnehmungen gestaltet, denn das Urtheil über die Verschiedenheit der Wahrnehmung ist nur unter der Voraussetzung möglich, dass sie auf ein Gemeinsames bezogen werden. Dieses centrale

Princip muss eine Einheit und ein Untheilbares sein. Wäre es in sich getheilt, so würden sich die sinnlichen Empfindungen in verschiedenen Brennpunkten sammeln, und es gäbe mehrfache Wahrnehmungen, die von einander unterschieden sind, deren jede nur eine partielle wäre, während dass es nie zu einer Totalauffassung käme. Würde es im wahrnehmenden Subject eben so viel Theile geben, als im wahrgenommenen Object, so würde nur eine Wahrnehmung der Theile ins Unendliche hin stattfinden, es würde aber nicht zur Wahrnehmung des Ganzen kommen. Würde jeder Theil hinwiederum das ganze Object auffassen, so wäre die Zahl der concipirten Bilder unendlich gross, und es käme nie zu einer Anschauung. Daraus folgt, dass um willen dieser Einheit und Untheilbarkeit die wahrnehmende Seele kein Körper sein kann.

b) Dasselbe Resultat, dass die wahrnehmende Seele nicht körperlicher Natur sein könne, ergiebt sich, wenn wir die qualitativen Eigenschaften dieses Körpers, wie Flüssigkeit oder Festigkeit, in Betracht ziehen. Wäre die Seele im Körper, so würde das wahrgenommene Object Eindrücke in diese Seelensubstanz machen, wie etwa ein Petschaft in das Wachs. In einer feuchten Masse würden diese Eindrücke zerfliessen, es gäbe kein Festhalten desselben Eindrucks, also kein Gedächtniss, das die Eindrücke unverändert aufbewahrt. Hätten diese Eindrücke in einer festen Masse Bestand, so würden sie Hindernisse für neue Eindrücke sein, und die letztern würden die erstern auslöschen, es gäbe also keine Rückerinnerung. Wenn es nun Gedächtniss und Rückerinnerung giebt, wenn die Seele gehabte Anschauungen festhält, ohne dass sie ein Hinderniss für die Aufnahme neuer Anschauungen sind, oder ohne dass die neuen Anschauungen die alten auslöschen, so kann sie weder flüssiger noch fester Natur, überhaupt kein Körper sein.

c) Eine dritte Betrachtung ergiebt dasselbe Resultat, dass die sinnliche Wahrnehmung nicht möglich sei unter der Voraussetzung, dass die wahrnehmende Seele ein Körper ist.

Es fragt sich, wie ein Schmerz, der z. B. im Finger empfunden wird, zur Wahrnehmung der Seele kommt, und wie die thatsächliche Erscheinung zu erklären ist, dass, wenn ein Theil des Körpers oder der Seele leidet, die ganze Seele leidet. Plotin weist die Ansicht zurück, die zur Erklärung dieser Thatsache von den Stoikern aufgestellt ist, dass die Sinne als ein Hauch aufzufassen seien, der sich vom leitenden Princip bis zu den Organen erstreckt, und dass die Fortpflanzung der Sinnesempfindung von den leidenden Organen bis zur Seele durch eine διάδοσις zu erklären sei. Nach dieser Ansicht überträgt ein leidendes Organ die Empfindung an das ihm benachbarte Organ, dieses wiederum an das ihm benachbarte u. s. f., bis die Schmerzempfindung endlich zur Seele gelangt. Es entsteht also eine unendliche Reihe von Empfindungen, deren jede eine Empfindung vom Schmerz des vorhergehenden Organs sein wird; vom Schmerz, der im Finger empfunden wird, wird aber nur das ihm zunächst befindliche Organ wissen, alle übrigen Organe werden in Unkenntniss über jene Empfindung im Finger bleiben, da bei einer körperlichen Grösse ein jeder Theil dem andern fremd ist. Da also auf diese materialistische Weise die Thatsache jeder Schmerzempfindung am besondern Orte nicht erklärt werden kann, so muss die empfindende Seele in jedem Theile des Körpers und seiner Organe die mit sich selbst gleiche sein, eine Eigenschaft, die nicht dem Körper, sondern einer andern Art des Seienden zukommt.

Auch das Denken ist unmöglich unter Voraussetzung, dass die Seele ein Körper sei.

Der Unterschied des Denkens von der sinnlichen Wahrnehmung besteht darin, dass bei der sinnlichen Wahrnehmung der Körper als Organ nothwendig ist, damit die sinnliche Wahrnehmung zu Stande komme. Wenn nun das Denken in einem Wahrnehmen der Seele ohne den Körper besteht, so kann auch die denkende Seele kein Körper sein. —

Durch die sinnliche Wahrnehmung kommen die sinnlichen Objecte, durch das Denken die idealen Objecte zur Erkenntniss. Letztere sind keine körperlichen Grössen. Es kann aber dasjenige, was keine körperliche Grösse hat, von einer körperlichen Grösse nicht gedacht werden. Weil die Gedanken übersinnlichen Gehaltes sind, so muss auch das Denkende vom Körperlichen nothwendig rein und frei sein. Auch wenn der Inhalt der Gedanken die an der Materie haftenden Ideen sind, so werden sie doch zum Besitz des Geistes nur in ihrer Absonderung von der Materie, so dass der Inhalt des Gedankens in jedem Fall übersinnlicher Natur ist.

Wäre die Seele ein Körper, so gäbe es keine Tugend, denn auch das Schöne und das Gute sind keine körperlichen Grössen, sondern idealer Natur, und auch darauf lässt sich ein Schluss auf die ideale Natur der Seele begründen.

Hier setzen die von Eusebius in der Praeparatio Evangelica XV, 10 und 22 uns aufbewahrten Stücke ein, die, obwohl aus dem Fehlen der Stücke in einigen Handschriften der Enneaden, aus einem Scholion, aus dem Zweifel Creuzer's, wohin das Stück Euseb Praep. Evang. XV, 10 zu setzen sei, aus der Ueberschrift des Eusebius Bedenken hergeleitet werden könnten, doch vermöge des von Plotin selbst Enn. IV, 2 zu Anfang gegebenen Zeugnisses, an welcher Stelle er den Inhalt unsres Buchs zusammenfasst, und um des Gedankenzusammenhanges willen beide an diese Stelle hingehören. So knüpft Euseb. Praep. Evang. XV. 22 genau an das Ende der vorigen Untersuchung an und weist die Widersinnigkeit nach, dass die Seele ein Körper sei und doch Tugend besitzen solle [2]).

Im Falle, dass die Seele ein Körper wäre, müsste die Tugend, etwa die Besonnenheit, Gerechtigkeit, Mannhaftigkeit, ein $\pi\nu\epsilon\tilde{v}\mu\alpha$ oder Blut sein. Die Mannhaftigkeit wäre etwa die Unempfindlichkeit des $\pi\nu\epsilon\tilde{v}\mu\alpha$ für das Leiden, die Besonnenheit bestände in einer rechten Mischung, die Schönheit in der Wohlgestalt. Nun liesse sich der Begriff der Schönheit mit dem Begriff des $\pi\nu\epsilon\tilde{v}\mu\alpha$ wohl noch in eine solche Verbindung setzen, der Begriff der Besonnenheit liegt aber ganz fern davon. Die Tugend und die andern Gedankendinge sind etwas Unsichtbares und Ewiges. Wäre die Tugend vergänglicher Natur, würde sie entstehen und vergehen, so würde man nach dem Urheber derselben fragen. Dann würde dieses schöpferische Princip das Bleibende sein, so dass es überhaupt übersinnliche und unvergängliche Dinge giebt, wie z. B. die Begriffe der Geometrie. Sind die Gedankendinge aber übersinnlicher und unvergänglicher Natur, so können sie nicht Körper sein, weil der Körper nichts Bleibendes, sondern in steter Veränderung begriffen ist. Sind sie aber unkörperlicher Natur, so muss auch die Seele unkörperlicher Natur sein, in der sie Bestand haben. —

Eine neue Widerlegung der materialistischen Seelentheorie wird aus der Unkörperlichkeit der Kräfte hergeleitet.

Diejenigen, welche, wie die Stoiker, im Hinblick auf die Wirkungen der Körper eine an einem Ort Bestand habende, wirkende, körperliche Seele annehmen, wissen nicht, dass die Körper ihre Wirkungen auch durch unkörperliche Kräfte hervorbringen. Ferner unterscheiden sie nicht Kräfte, welche die Wirkungen des Körpers

---

[2]) Vgl. Creuzer: Plotini opera omnia. Vol. III. (Oxon. 1835) p. 253 und Kirchhoff: Plotini opera. Vol. I. (Lips. 1856) Praefatio p. VI.

hervorbringen, von den Thätigkeiten der Seele: Denken ($νοεῖν$), sinnliches Wahrnehmen ($αἰσϑάνεσϑαι$), Reflexion ($λογίζεσϑαι$), Begehren ($ἐπιϑυμεῖν$), Handeln ($ἐπιμελεῖσϑαι$), die wesentlich anderer Natur sind. Diejenigen, welche Kraft und Wirksamkeit der unkörperlichen Wesen den Körpern zuschreiben, heben die Wirksamkeit der unkörperlichen Kräfte und Wesen auf, was widersinnig ist. Der Nachweis, dass die Körper ihre Wirksamkeit unkörperlichen Kräften verdanken, wird auf folgende Weise geführt:

Es ist zuzugeben, dass die Quantität von der Qualität unterschieden ist, dass jeder Körper ein Quantum, dass aber nicht eben so alle Körper ein Quale seien. Ein Beispiel für Letzteres ist die Materie. Die Qualität ist, indem sie etwas anderes als ein Quantum ist, auch vom Körper unterschieden, insofern jeder Körper ein Quantum ist. Ferner, wie schon früher erwiesen worden ist, bleibt, während durch Aenderung der Quantität des Körpers, z. B. durch Theilung, der Körper selbst verändert wird, doch die Qualität unverletzt, also ist die Qualität in ihrem Sein vom Sein des Körpers unterschieden und unabhängig. Nun wird aber die Wirksamkeit (Mittheilung der Qualität) eben durch die Qualität hervorgerufen, also verdankt der Körper seine Wirksamkeit dem Nicht-Körperlichen.

Ferner, wenn die Kräfte körperlicher Natur wären, so müsste die Quantität und Masse, in der sie Bestand haben, dem Grad der Wirksamkeit der Kräfte entsprechen, so dass eine bedeutende Kraft nur in einer bedeutenden Masse wirksam sein könnte. Die Erfahrung zeigt aber gerade, dass oft das Umgekehrte der Fall ist, so dass die Wirksamkeit einem andern Wesen als der Grösse zuzuschreiben ist, einem Wesen, auf das der Begriff der Grösse keine Anwendung findet. —

Es entstehen ferner die Körper und die verschiedenen Wirkungen und Erscheinungen, indem die Materie verschiedene Qualitäten annimmt; diese hinzutretenden Qualitäten sind begrifflicher und unkörperlicher Natur. —

Ein Beweis dafür, dass die Seele $πνεῦμα$ oder $αἷμα$ sei, kann auch nicht daher geleitet werden, dass, wenn Hauch und Blut entweicht, das Leben aufhört. Allerdings sind sie constitutiv für das Leben, aber ausser ihnen noch viele andere Elemente, von denen doch keins als identisch mit der Seele gesetzt wird, so dass also auch keineswegs das Wesen der Seele nothwendig als $πνεῦμα$ oder $αἷμα$ zu fassen ist. —

Ferner durchdringt die Seele den Körper ganz und kann darum nicht unkörperlicher Natur sein. Wäre die Seele körperlich, so müsste dieselbe mit dem Körper eine eben solche Mischung eingehen, wie dieselbe unter Körpern überhaupt besteht. Wenn nun zwei Körper eine Mischung eingehen, so verändert jeder derselben sein Wesen, so dass er fortan nur noch potentia, nicht aber actu besteht, indem actu ein ganz anderer aus beiden Körpern gemischter Körper entstanden ist. Folgerichtig würde also auch die Seele in ihrer Mischung mit dem Körper actu zu existiren aufhören, wir würden also keine Seele haben. Ein Körper kann aber auch den andern nicht völlig durchdringen, denn die Durchdringung müsste doch in der Weise stattfinden, dass nicht nur die grossen Massen sich mischen, sondern in den unendlich kleinsten Theilen muss ein Körper völlig die kleinsten Theile des andern in sich aufnehmen und wiederum in ihnen aufgehen. Dies ist unmöglich, da kein Körper in die Unendlichkeit hin in kleinste Theile und Punkte zerlegt werden kann. Wir kommen beim Körper zuletzt auf untheilbare Atome, zwischen denen nicht eine innere Durchdringung, sondern nur ein Aggregat derselben möglich ist. Es kann daher kein Körper den andern ganz und völlig durchdringen, und es ist unmöglich, dass die Alles durchdringende Seele körperlich sei.

Im Folgenden weist Plotin dann die absurde Ansicht der Stoiker zurück, dass die Seele zwar ihrer ersten Natur nach ein $\pi\nu\varepsilon\tilde{\upsilon}\mu\alpha$ gewesen sei, dann aber durch die Berührung mit dem Kalten (der Luft) dünner und feiner und zur Seele geworden sei. Diese Ansicht macht die Natur der Seele von äussern Zufälligkeiten abhängig.

Er weist endlich nach, dass die von den Stoikern angenommene Ordnung der Begriffe $\xi\xi\iota\varsigma$, $\psi\nu\chi\eta$, $\nu o\tilde{\upsilon}\varsigma$ vielmehr die umgekehrte sein müsse: 1) $\nu o\tilde{\upsilon}\varsigma$, 2) $\psi\nu\chi\eta$, 3) $\varphi\upsilon\sigma\iota\varsigma$, da von dem, was nur $\delta\upsilon\nu\alpha\mu\varepsilon\iota$ existirt, ein Princip $\varepsilon\nu\varepsilon\rho\gamma\varepsilon\iota\alpha$ existiren müsse, das dasjenige, was nur als Möglichkeit existirt, in den Zustand der Wirklichkeit überführt.

Die vorangehenden Erörterungen, die absichtlich in grösserer Ausführlichkeit dargestellt sind, sind **die bedeutendste Kritik des Materialismus, welche das Alterthum hinterlassen hat**, und die nur von Wenigen gekannt zu sein scheint.

Nach Widerlegung der Ansicht, dass die Seele körperlicher Natur sei, wirft Plotin die Frage auf, ob die Seele doch nicht ein

Wesen sei, das zwar verschieden vom Körper ist, mit dem Körper aber doch in einer gewissen Beziehung steht, z. B. eine Harmonie oder Entelechie. Beide Ansichten weist Plotin zurück.

Die erstere Ansicht, die auf Pythagoras [3]) zurückgeführt wird, behauptet, dass die Seele sich zum Körper etwa eben so verhalte, wie die Harmonie zu den Saiten. Wie eine gewisse Spannung der Saiten einen gewissen Zustand derselben hervorruft, den man Harmonie nennt, so bringt eine gewisse Mischung der Elemente unseres Leibes das Leben und die Seele hervor. Die Unzulässigkeit dieser Hypothese wird aus folgenden Gründen dargethan.

Die Seele ist früher als der Körper, die Harmonie aber das Spätere; die Seele beherrscht den Körper und kämpft vielfach mit ihm, dies könnte dieselbe nicht, wenn sie nur eine Harmonie wäre; die Seele ist eine Substanz, die Harmonie keine. Ferner würde die rechte Mischung der körperlichen Elemente, aus denen wir bestehen, nur den Begriff der Gesundheit ergeben. Auch müsste, da die Mischung der Elemente in jedem Theile des Körpers eine andere ist, es viele Seelen geben. Der wichtigste Grund aber ist der, dass vor der Seele, die eine solche Harmonie ist, eine andere Seele existiren müsste, welche diese Harmonie erst hervorruft, gleichwie es einen Musiker vor dem Instrumente geben muss, der nach der in ihm lebenden Vernunft die Harmonie auf den Saiten hervorbringt. Weder die Saiten des Instrumentes, noch die Elemente eines Körpers setzen sich von selbst zur Harmonie oder zur Seele zusammen. Nach der aufgestellten Hypothese wird das Beseelte aus dem Unbeseelten, das Geordnete aus dem Ungeordneten hergeleitet; anstatt die Ordnung selbst aus der Seele ihren Ursprung nehmen zu lassen, nimmt die Seele selbst ihren Anfang und ihren Bestand aus einer solchen Ordnung. Dies kann weder in Bezug auf die Theile, noch auf das Ganze geschehen. Also ist die Seele keine Harmonie.

Ferner wird nachgewiesen, dass die Seele auch keine Entelechie sei. Aristoteles [4]) hatte die Seele als die Entelechie eines beseelten Körpers aufgefasst und die Ansicht aufgestellt, dass die Seele in dem zusammengesetzten Wesen, das wir Mensch nennen, sich zum belebten Körper wie die Form zum Stoff, die Idee zur Materie verhalte. Wenn die Seele in demselben Verhältniss zum Körper steht, wie die Form der Bildsäule zu der materiellen Masse, aus

---

[3]) Plato: Phaedo p. 62 ff.
[4]) Aristoteles: de anima II, 1

der sie gebildet ist, so folgt, dass bei einer Theilung des Körpers auch die Seele zugleich getheilt werden müsste, so dass, wenn Jemand ein Stück Körper abschnitte, zugleich ein Stück Seele mit abtrennte, was unsinnig ist. — Wenn die Seele eine Entelechie sein soll, so ist der Schlaf, der in einer Trennung der Seele vom Körper bestehen soll, unmöglich, da die Entelechie dem Körper, zu dem sie gehört, immer anhaften soll und von ihm nicht getrennt werden kann. Es würde auch kein Widerstreit der Vernunft gegen die Begierden, keine Disharmonie möglich sein. Wenn die Seele eine Entelechie ist, so wird dieselbe vielleicht noch Sinnesempfindungen besitzen, unmöglich aber Gedanken. Dies ist der Grund, warum die Aristoteliker eine andere Seele annehmen, die sie νοῦς nennen und der sie Unsterblichkeit beilegen. Die denkende Seele kann keineswegs auf den Begriff der Entelechie zurückgeführt werden.

Da die Entelechie vom Körper untrennbar ist, so kann selbst nicht die wahrnehmende Seele ($\psi\nu\chi\dot{\eta}$ $\alpha\iota\sigma\vartheta\eta\tau\iota\varkappa\dot{\eta}$) eine Entelechie sein. Sie besitzt ihre Formen und Gestalten nicht durch den Körper. Im andern Falle wären diese Formen sinnliche Gestalten und Bilder, dies würde aber die fehlerhafte Consequenz nach sich ziehen, dass die Seele nicht im Stande wäre, andere und neue Bilder und Formen in sich aufzunehmen, so dass also auch dieser Fall unmöglich ist. —

Auch der begehrende Theil unserer Seele kann nicht eine solche vom Körper untrennbare Entelechie sein, nicht jenes Begehrungsvermögen, das sich auf sinnliche Dinge bezieht, z. B. Hunger und Durst, sondern das Begehrungsvermögen, das sich auf übersinnliche Dinge richtet. Es scheint wenigstens bei der vegetativen Seele, z. B. dem Lebensprincip in der Pflanze, angebracht, sie als eine untrennbare Entelechie des Körpers zu bezeichnen. Aber auch hier verhält es sich anders. Die Seele ist nicht wie eine Entelechie in der Pflanze allverbreitet, sondern hat vorzüglich in einem Theil derselben, in der Wurzel, ihren Sitz. Auch das Wachsthum der Pflanze, bei dem die Seele sich zuerst im Keim befindet, dann aber in der ganzen grossen Pflanze sich ausbreitete, giebt den Beweis, dass die Seele ein von der Materie durchaus getrenntes Wesen ist.

Wie kann ferner die untheilbare Entelechie mit dem Körper getheilt werden? Wie kann die Seele von einem Körper in einen andern übergehen, wenn sie die untrennbare Entelechie des einen Körpers ist?

Die Seele ist daher keine blosse Form ($εἶδος$) des Körpers, sondern eine Substanz ($οὐσία$), die ihren Bestand nicht im Körper hat und überhaupt seiner als eines Substrats, um zu existiren, nicht bedarf. Sie existirte, ehe sie Seele eines bestimmten lebenden Wesens wurde. Es ist also auch nicht der Körper, der die Seele erzeugt.

Dieses macht den Uebergang von der Kritik materialistischer oder halbmaterialistischer Bestimmungen des Seelenwesens zur positiven Erörterung über ihre Natur.

Die Seele ist weder ein Körper, noch ein besonderer Zustand des Körpers ($πάθος\ σώματος$). Der Körper ist keine Substanz, er entsteht und vergeht, er hat indessen Theil an dem Seienden und soweit er an demselben Theil hat, bleibt er erhalten. Die Seele ist eine Substanz anderer Natur als der Körper, die am wahrhaft Seienden Theil hat. In ihr hat Vieles Bestand, aus ihr nimmt Vieles seinen Ursprung, und es ist ihr Thätigkeit und Wirksamkeit zuzuschreiben. Sie ist in Wahrheit und ist daher ewig, sie entsteht und vergeht nicht. Durch die Seele wird Alles im Weltall erhalten und geschmückt. Sie ist durch sich selbst bewegt und wird für alle übrigen Dinge Anfang und Ursprung der Bewegung. So ist das Leben der Seele Anfang und Princip alles Lebens durch Mittheilung des Lebens, und dieses Leben der Seele ist unvergänglich, weil es kein entlehntes Leben ist.

So hat die Seele weder Gestalt noch Farbe, sondern ist unsichtbarer, göttlicher Natur. Auch giebt Plotin den Weg an, zu dieser Erkenntniss des Wesens der Seele zu kommen, nämlich innere Läuterung, Reinigung und Heiligung.

Daraus, dass die Seele eine Substanz ist, folgt, dass sie in keiner Weise leidet oder passiv ist. Sie ist vielmehr reine Thätigkeit und Wirksamkeit. Plotin führt dieses durch, indem er die Thätigkeiten der Seele nach platonischer Eintheilung durchnimmt [5]).

Bei der sinnlichen Wahrnehmung verhält sich die Seele keineswegs leidend. Die Seele fällt dabei ein Urtheil, leidend ist nur das körperliche Organ. Das Urtheil selbst hat und ist keine Empfindung. Die sinnlichen Vorstellungen (Anschauungen) sind keine wirklichen Eindrücke nach Art des Eindrucks des Petschafts in das Wachs. Sie sind, wie die Begriffe, Thätigkeiten, durch die wir die Dinge er-

---

[5]) Enn. III, lib. VI, cap. 1—5 (XXV kirchh.).

kennen. Noch mehr widersprechen aber Vernunft und Wille der Ansicht, dass unsere Seele leidend sein sollte.

Es sind indessen einige Schwierigkeiten wegzuräumen, die der Auffassung entgegenstehen, dass unsere Seele reine Thätigkeit, ohne Leiden, ohne Veränderung und damit zusammenhängende Vernichtung und Endlichkeit sei. Das Vorhandensein von Laster, falscher Meinung und Unwissenheit, Neigung und Abneigung, Freude und Schmerz, Hass und Begierde scheinen dem zu widersprechen.

Darauf ist zu antworten, dass nur in dem Falle, wenn die Seele körperlich und eine materielle Grösse wäre, diese Dinge in ihr Veränderung, Leiden, Bewegung hervorzubringen vermöchten. Da sie aber eine unvergängliche Substanz ohne Grösse ist, so darf man ihr ein solches Leiden und eine solche Veränderung nicht zuschreiben. Indem die Seele εἶδος und λόγος ist, ist derselben kein πάϑος beizulegen. Wenn man von einem Leiden der Seele spricht, so sind die gebrauchten Ausdrücke nicht wörtlich zu nehmen, sie vielmehr in einem entgegengesetzten Sinn als der Wortsinn auszusagen. —

Tugend und Schlechtigkeit bringen darum keine Veränderung und kein Leiden der Seele hervor, weil die Tugend in Harmonie der Theile besteht, Schlechtigkeit in der Disharmonie derselben. Sie besteht in einer Abwesenheit, einer Negation, fügt also der Seele kein Leiden zu und bereitet ihr keine Veränderung, da nichts Fremdes zur Seele hinzutritt. Harmonie in der Seele entsteht aber, wenn jeder Theil die ihm zustehende Funktion erfüllt. Tugendhaft ist jeder Theil der Seele, wenn er seiner Substanz gemäss in Thätigkeit ist, weil er der Vernunft gehorcht. Der Vernunft unterworfen sein heisst aber nicht einen Eindruck empfangen.

Die eigentliche Thätigkeit der Seele ist ein Schauen, das widerspricht aber gerade allem Leiden und ist reine Thätigkeit. Das Denken besteht nicht in einem äussern Eindruck. Der denkende Theil schaut den νοῦς an und betrachtet die im νοῦς befassten Ideen. Es findet also reine Thätigkeit und kein Leiden statt. Sinneswahrnehmungen und Vorstellungen sind ebenso Handlungen. Auch das Gedächtniss besteht in einer Thätigkeit, es ist die Fähigkeit der Seele, sich Dinge wieder zu vergegenwärtigen. Zwar ist die Seele eine andere geworden, wenn sie wieder eine Vorstellung sich zurückgerufen hat, aber sie ist nicht alterirt worden (ἀλλοιωϑεῖσα), zumal man den Uebergang aus dem Zustand der δύναμις in den der ἐνέργεια nicht ἀλλοίωσις nennen kann. Ueberhaupt leiden nur die materiellen Dinge, die Thätigkeiten der immateriellen Substanzen bringen kein Leiden mit sich.

Auch in Bezug auf den muthigen Theil der Seele wird durchgeführt, dass derselbe nicht leidet. Feigheit besteht entweder darin, dass die Seele nicht auf die Vernunft blickt oder in einem Mangel der Organe; muthig ist die Seele, wenn das Gegentheil stattfindet. In beiden Fällen ist keine Alteration vorhanden.

Die Unmässigkeit des begehrenden Theils der Seele ist daher zu leiten, dass er ohne Regierung des denkenden Theils allein handelt. Auch hängt vom bessern oder schlechtern Zustand der Organe Tugend und Schlechtigkeit des begehrenden Theils ab. Einen Wechsel und eine Wahrnehmung dieses Wechsels giebt es nicht. Wünsche und Abneigungen, Schmerz, Zorn, Freude, Begierde, Furcht und manche andere Leidenschaften finden sich in uns, aber es ist nicht die Seele, welche dadurch leidet. Obwohl diese Leidenschaften durch die Seele hervorgebracht sein können, haben sie doch in einer andern Substanz, nämlich im Körper, Bestand. Scham beruht auf dem Urtheil der Unzuträglichkeit eines Dinges; bei der Freude macht sich eine Erweiterung und Erheiterung im Körper fühlbar. So liegt auch das Princip anderer Leidenschaften in der Seele; nur das, was daraus hervorgeht und im Körper Bestand hat, kommt durch die sinnliche Wahrnehmung zur Erkenntniss.

Die Seele, auch als Princip der Bewegung, leidet nicht, insofern das Princip, das die Bewegung hervorbringt, nicht selbst durch die Bewegung, die es hervorbringt, bewegt wird.

Auch der sogenannte passive Theil der Seele ist keineswegs dem Leiden und dem Wechsel unterworfen. Auf ihn scheinen sich alle Thätigkeiten zu beziehen, die mit Vergnügen oder Schmerz verknüpft sind. Die einen dieser Empfindungen gehen von den Vorstellungen und Meinungen aus; die Vorstellung ist in der Seele, das Leiden im Körper, letzteres besteht in der Erregung der sinnlichen Organe. Nur wenn die Seele selbst Körper wäre, könnte dieselbe leiden. Der gesammte passive Theil der Seele ist aber kein σῶμα, sondern ein εἶδος, aber ein εἶδος in der Materie. Ein εἶδος kann aber absoluter Weise weder Bewegung noch πάθος an sich haben, sondern muss das bleiben, was es ist. Zur wahren Unempfindlichkeit der Seele und zur Erkenntniss dieser Unempfindlichkeit gelangt der Mensch durch Befreiung der Seele von falschen

Vorstellungen und durch Philosophie. Die Einbildungskraft nämlich bringt im Körper durch Vorstellung Bewegungen hervor, durch welche Einbildungen entstehen, welche die Seele verwirren und die Meinung erwecken, dass die Seele leide. — Diese nur active und durchaus nicht leidende Seele ist nun sowohl theilbar als untheilbar [6]). Das Theilbare und Untheilbare der Seele sind zwei unterschiedene Theile derselben, wie z. B. das Vernünftige und Unvernünftige, nicht zwei derart gemischte Dinge, dass sie nur eins ausmachen. Sie bilden ein zusammengesetztes Ganze, wobei jeder Theil durch die ihm eigenthümliche Kraft von dem andern zu sondern ist. Allerdings erhält der untere Theil, der theilbar in den Körpern wird, vom obern Theil die Macht, untheilbar zu sein, und ist daher wie gemischt aus der theilbaren Natur und der Fähigkeit, untheilbar zu sein.

Untheilbar ist die Seele in sich selbst, in ihrer Vernunft und in ihrem Denken, die keiner Organe bedürfen, um ihre Funktionen zu erfüllen und im Körper nur ein Hinderniss ihrer Thätigkeit sehen. Theilbar ist die Seele in Beziehung zu den Körpern. Jedes sinnliche Vermögen wirkt durch Vermittlung des Körpers. Da die Seele nun überall in jedem Organ gegenwärtig ist, so kann man sagen, dass sie getheilt ist; weil sie indessen überall ganz gegenwärtig ist, so hat man sich darauf zu beschränken, zu versichern, dass sie in dem Körper theilbar wird.

Die Seele ist eine, obwohl man in derselben verschiedene Theile unterscheidet; diese Theile sind $\varepsilon\ddot{\iota}\delta\eta$, $\lambda\acute{o}\gamma o\iota$, die Seele ist ein $\varepsilon\ddot{\iota}\delta o\varsigma$, $\lambda\acute{o}\gamma o\varsigma$, welche diese $\varepsilon\ddot{\iota}\delta\eta$ und $\lambda\acute{o}\gamma o\iota$ umfasst.

Die unvernünftige Seele, die vernünftige Seele und der $\nu o\tilde{\upsilon}\varsigma$ sind auch unter dem Gesichtspunkt eins, dass sie von einander ausgehen und nach dem Verhältniss der $\delta\acute{\upsilon}\nu\alpha\mu\iota\varsigma$ und $\dot{\varepsilon}\nu\acute{\varepsilon}\rho\gamma\varepsilon\iota\alpha$ mit einander verknüpft sind. Jeder Theil der Seele empfängt seine Form von dem Theile, der unmittelbar über ihm ist. —

Plotin theilt nun die Seele einmal in Platonischer Weise in die vernünftige und die unvernünftige Seele, und die letztere wieder in Zorn und Begierde, z. B. bei der Classification der Tugenden. Ebenso theilt er sie aber auch in Aristotelischer Weise in die ernährende, sensitive und denkende Seele. Seine eigentliche Theilung beruht auf einer Combination dieser beiden Eintheilungen, wobei er

---

[6]) Enn. IV, lib. III, cap. 19 (XXVI. Kirchh.).

die ihm eigenthümliche Ansicht, dass das wahre Wesen der Seele in der $\vartheta\varepsilon\omega\varrho\iota\alpha$ besteht, damit verbindet. So unterscheidet er drei Sphären des Seelenlebens nach dem Verhältniss der Seele zum Geist, zu sich selbst und zur Natur, welche wir aber in umgekehrter Ordnung, wie wir sie hier aufzählen, behandeln werden:

I. den Geist (die intellectuelle Seele); er steigt nicht in den Körper, seine Funktion ist der intuitive Gedanke und die Liebe, die keine Beziehung auf die Organe hat. Durch ihn geht der Gedanke und der Wille des Individuums im Göttlichen auf;

II. das Gebiet des eigentlichen Seelenlebens, das auf sinnlichen Wahrnehmungen und Erfahrungen beruht. Es ist dies das Gebiet der Vorstellung, des Gedächtnisses, des Verstandes, des endlichen Willens;

III. das Gebiet der unvernünftigen, sensitiven und vegetativen Seele, die der körperlichen Organe zu ihren Funktionen bedarf und durch ihre Vermischung mit dem Körper das $\zeta\tilde\omega o\nu$ constituirt.

Der Unterschied der $\mu\dot\varepsilon\varrho\eta$, $\varepsilon\ddot\iota\delta\eta$, $\lambda\dot o\gamma o\iota$ einerseits und der $\delta v v\dot\alpha\mu\varepsilon\iota\varsigma$ der Seele andererseits kommt auf den verschiedenen Sprachgebrauch hinaus, welchen diese Ausdrücke in den verschiedenen Systemen haben, denen sie entlehnt sind. —

Kap. II. Leib und Seele und die auf ihrem Verhältniss zum Körper beruhenden Thätigkeiten der Seele.

Die Seele befindet sich im Körper [1]) nicht wie in einem Orte, und zwar weder ein Theil der Seele, noch die ganze Seele. Der Ort hat zur Eigenthümlichkeit, etwas in sich zu befassen und einen Körper in sich zu enthalten. Die Seele enthält aber vielmehr den Körper in sich, als dass er sie enthält. Ebenso ist die Seele auch nicht im Körper wie in einem Gefässe. Auch bedarf der Ort als unkörperlich nicht der Seele. Noch viele andere Einwürfe sind möglich, von denen nur der eine angeführt werden soll. Definirt man den Ort als $\delta\iota\dot\alpha\sigma\tau\eta\mu\alpha$, so wird es noch weniger wahr sein, zu sagen, dass die Seele im Körper wie in einem Ort sei, weil das $\delta\iota\dot\alpha\sigma\tau\eta\mu\alpha$ als Leerheit zu fassen ist.

---

[1]) Enn. IV, lib. III, cap. 20—23.

Die Seele ist nicht im Körper wie ein Attribut an einer Substanz, denn das Attribut einer Substanz ist eine einfache Modification derselben, wie Farbe, Gestalt u. s. w., während dass die Seele vom Körper trennbar ist. Die Seele ist auch nicht im Körper wie der Theil im Ganzen, denn sie ist nicht Theil des Körpers. Wird sie als Theil des ganzen lebenden Wesens aufgefasst, so bleibt zu bestimmen übrig, wie sie in diesem Ganzen als Theil ist. Noch weniger ist die Seele im Körper, wie das Ganze in den Theilen.

Gegen Aristoteles wird geltend gemacht, dass die Seele nicht im Körper ist, wie die Form in der Materie, weil Form und Materie nicht von einander zu sondern sind. Die Seele bringt aber erst die Form in der Materie hervor und ist daher von der Form zu unterscheiden. Die Erscheinung, dass die Menschen sagen, die Seele sei in den Körpern, ist leicht zu erklären. Man bemerkt den Körper, urtheilt, dass derselbe beseelt sei, und setzt die Seele in den Körper, weil man ihn von innen heraus beseelt sieht. Die Seele aber entwickelt vielmehr den Körper durch das Leben, das sie in sich besitzt, und erstreckt sich auf gleiche Weise nach allen Seiten bis zu seinen äussersten Theilen. So ist die Seele durchaus nicht im Körper. Er ist vielmehr das Hinzutretende, das Enthaltene in dem Enthaltenden, das Bewegte in dem Bewegenden, das ursprünglich ist.

Der Vergleich zwischen einem Schiffer und einem Schiffe, der aufgestellt worden ist, um das Verhältniss zwischen Seele und Körper darzuthun, ist nicht in jeder Beziehung zutreffend. Die Seele ist weder blos mit einem Seefahrer, noch mit einem Steuermann passend zu vergleichen. Ebensowenig zutreffend ist der Vergleich mit einem Steuer oder auch einem beseelten Steuer, das die Kraft in sich schlösse, das Schiff zu lenken.

Positiv bestimmt Plotin die Weise, wie die Seele dem Körper gegenwärtig ist, in der Art, dass sie dem Körper gegenwärtig ist, wie das Licht der Luft gegenwärtig ist. Es ist eine Gegenwart, ohne Gegenwart zu sein. Das Gegenwärtige bleibt in sich, ohne sich mit dem, welchem es gegenwärtig ist, zu vermischen. Eher ist die Luft im Lichte, als das Licht in der Luft. So ist auch der Körper in der Seele und zwar in einem Theil der Seele. Gegenwärtig sind dem Körper nur die Kräfte, welche der Körper allein besitzt, im Uebrigen hat die Seele ganz in sich Bestand. Das Beseeltsein des Körpers besteht in dem Durchdrungensein von der Seele.

Jedes körperliche Organ nimmt an der von der Seele ausgehenden Lebenskraft auf besondere Art Theil und empfängt dadurch die ihm eigenthümliche Funktion. Dadurch geschieht es, dass man die Kraft der verschiedenen Seelenthätigkeiten in die verschiedenen Organe setzt. Vom Gehirn geht die sensitive Kraft aus und verbreitet sich von da durch den ganzen Körper. Daher setzt man auch die Vernunft in das Gehirn, weil dieselbe mit der sensitiven Kraft in Verbindung steht. Die vegetative, ernährende und zeugende Kraft hat ihren Sitz im Blute. Die Adern sollen ihren Ursprung in der Leber haben, die daher für den sogenannten begehrenden Theil der Seele zum Sitz gegeben wird, weil die Kraft zu ernähren, zu zeugen und wachsen zu lassen die Begierde in sich schliesst. — Das Herz ist als passende Wohnung des Zornes und Muthes bezeichnet worden. Wir sehen, dass Plotin nach Platonischer Weise die Seele theilt und auch auf Platonische Art das Verhältniss der Seele zu den Theilen des Körpers bestimmt. —

Die Thätigkeiten der Seele, welche auf ihrer Verbindung mit dem Körper beruhen, sind folgende [2]):
1) das vegetative Leben,
2) Empfindung, Lust und Unlust,
3) Begierde,
4) Zorn,
5) Sinneswahrnehmung.

An sich sind diese Thätigkeiten der Seele wie die Substanz der Seele selbst immateriell, untheilbar, unempfindlich; dennoch sind sie gemeinsam dem Körper und der Seele, d. h. sie hören auf in der reinen Seele, die sich vom Körper gelöst hat, und finden nur statt im Thiere, d. h. dem Wesen, bei dem die Seele an einen Körper geknüpft ist. Daher ist ihre Ausübung an bestimmte Organe gebunden, in denen sich die gewöhnliche Vorstellung jene Seelenthätigkeiten lokalisirt denkt. —

1) **Das vegetative Leben** besteht zunächst in der Bewegung, dann in den Aeusserungen der Lebenskraft, die den Körper **ernährt, wachsen lässt und fortpflanzt**. Sie übt ihre Thätigkeit im ganzen Körper aus, gestaltet denselben zu einem Bilde der Seele und wirkt, wenn auch blind, so doch nach der ihr

---

[2]) Enn. IV, lib. IV, cap. 19 - 29 (XXVI, cap. 51 ff Kirchh.

immanenten Vernunft, vorsorglich und providentiell für das Geschöpf, dem sie eingepflanzt ist.

Sie erhält aber nicht nur durch Bewegung, Ernährung, Wachsthum und Erneuerung das Individuum, sondern auch durch die Fortpflanzung und Zeugung die Gattung. Die Zeugungskraft scheint zum Sitz das Organ zu haben, das zur Vollziehung ihrer Wirksamkeit und zur Befriedigung der natürlichen Liebe bestimmt ist. Bei der Zeugung selbst kommen mehrere Umstände zusammen, welche die Natur und das Schicksal des gezeugten Individuums bestimmen: die Eltern, der Einfluss der Gestirne, äussere Umstände. Wenn dabei die Seele in einen Körper tritt, so findet sie dessen Umrisse schon gezogen und sich selbst ähnlich. Dann organisirt sie denselben, d. h sie giebt ihm eine bestimmte, für den Zweck des Lebens angemessene Form. So lange die Seele dem Körper einwohnt, lebt derselbe, und seine Theile werden zur Einheit durch die Seele zusammengefasst und in dieser Einheit erhalten. Sobald die Seele dem Körper nicht mehr gegenwärtig ist, weicht das Leben, der Körper ist nur noch ein Leichnam, der sich in seine Bestandtheile auflöst; der Tod ist eingetreten.

Einen Schatten dieser Seele besitzt auch bereits der Körper der Pflanze und des Thieres.

2) Dieser so beseelte Körper empfindet Leid und Freude; Lust und Unlust beziehen sich auf den lebendigen Leib.

Ebensowenig wie der für sich genommene Leib, der Leichnam, ebensowenig empfindet und leidet für sich genommen und isolirt die Seele. Der vernünftigen Seele, unserm eigentlichen Selbst, kommt ein Erkennen ohne Leiden zu. Von ihr sagen wir das Wir aus. Es ist substantiell der Mensch, der kostbarste Theil unsrer selbst, der in gewisser Art in sich versenkt bleibt. Von ihm ist der Körper unterschieden, ohne ihm fremd zu sein, weil er unser Körper ist. Weil er uns zugehört, so bleibt uns auch seine Lust und seine Unlust nicht gleichgültig. Diesem gemeinsamen Theil, dem beseelten Körper, kommt das Leiden zu. Lust und Unlust geht hervor aus der Vereinigung zweier ungleicher Substanzen: der Seele nämlich und des Körpers, und besteht in der Disharmonie und Verwirrung der beiden Elemente. Der Schmerz ist eine Empfindung der Auflösung, wenn der Körper nämlich bedroht wird, das Bild der Seele zu verlieren und desorganisirt zu werden. Die

Lust wird durch die Vorstellung hervorgebracht, die entsteht, wenn das Bild der Seele die Herrschaft über den Körper gewinnt. Die Empfindung überhaupt kommt so zu Stande: Der Körper erfährt ein Leiden, die empfindende Kraft der Seele nimmt es wahr, indem sie sich in Beziehung zu den Organen setzt, welche leiden; die sinnliche Wahrnehmung ist das Ziel dieses Prozesses. Nicht die Masse des Körpers empfindet, sondern die belebte, lebendige Masse. Die sensitive Kraft empfängt durch ihre Beziehung zu den Organen in gewissem Sinne einen Gegenschlag. Sie lokalisirt dann das Leiden in dem Organ, welches die Empfindung erfahren hat. Würde sie selbst leiden, so würde, da sie im ganzen Körper verbreitet ist, diese Lokalisirung nicht stattfinden, sondern der ganze Körper würde leiden (was auch in gewissem Sinne der Fall ist). Die Empfindung ist nicht das Leiden, sondern nur die Kenntniss des Leidens, sie begleitet nur das Leiden, die erkennende Kraft muss selbst ohne Leiden sein, weil sonst dieselbe gar nicht oder nur schlecht erkennen kann.

3) Auch der Ursprung der Begierde ist in den gemeinsamen Theil (gemeinsam aus Körper und Seele) zu setzen; nur der belebte Körper sucht und wünscht etwas, z. B einen Geschmack, wenn er sich in diesem oder jenem Zustande befindet, nicht die Seele. Der Körper ist bedürftig, um zu leben und das Leben zu erhalten. Andrerseits, da das Leiden von Erkenntniss begleitet ist, so macht die Seele Anstrengung, um das Object zu vermeiden, welches das Leiden verursacht, woraus sich der Gegensatz der Begierde, der Abscheu, entwickelt. So hängt die Begierde einerseits mit der Natur, d. i. dem sinnlichen Leben im Körper, zusammen, andrerseits erzeugt die sinnliche Empfindung eine Vorstellung, in Folge deren die Seele das Bedürfniss befriedigt oder sich von der Befriedigung zurückhält. So ist also der Ursprung der Begierde in den Empfindungen des lebendigen Körpers zu suchen. Wenn er leidet, so strebt er Dinge zu besitzen, die denen entgegengesetzt sind, die ihn leiden machen; er sucht danach, dem Schmerz das Vergnügen, dem Bedürfniss die Befriedigung folgen zu lassen. Die Natur, d. h. die im Körper wirksame lebendige Seele, hat die Begierden und Neigungen in Folge des Körpers und durch denselben verursacht. Die Seele ist eine davon unabhängige Macht, die dem Körper die Befriedigung des Bedürfnisses zugesteht oder verweigert. Ein Beweis dafür, dass der Körper die Ursache der verschiedenen

Begierden ist, liegt in der Beobachtung der Altersstufen. Die Begierden sind verschieden, je nachdem der Mensch ein Knabe, oder Jüngling, oder Greis ist, je nachdem sein Organismus krank oder gesund ist. Nur das begehrende Princip ($\tau\grave{o}$ $\dot{\varepsilon}\pi\iota\vartheta\upsilon\mu\eta\tau\iota\varkappa\acute{o}\nu$) bleibt das Nämliche, die Veränderung des Organismus aber ruft Veränderung der Begierden hervor. Nicht für sich, sondern für den Organismus sucht das begehrende Princip das begehrte Nahrungsmittel, Feuchtigkeit, Wärme, Bewegung, Entleerung, Befriedigung des Hungers u. s. w. — Ueber widernatürliche Begierden entscheidet die Natur, ob sie gemäss sind oder nicht, ob sie daher zu befriedigen sind oder ihnen die Befriedigung zu versagen ist.

4) Ebenso wie die Begierde, so ist auch der Zorn ($\tau\grave{o}$ $\vartheta\upsilon\mu o\epsilon\iota\delta\acute{\epsilon}\varsigma$) von der vegetativen Kraft der Seele herzuleiten. Während die Begierde unmittelbar aus dem vegetativen Leben hervorgeht, so ist der Zorn als eine Spur, d. h. ein Abbild derselben, zu betrachten, eine Spur, die im Blut oder Herzen, oder in beiden ihren Sitz hat. Beide zusammen constituiren die nicht-denkende Seele, und in diesem Falle hätte man in der Theilung derselben keine zwei entgegengesetzten Glieder, da das Zweite vom Ersten ausgehen würde. Begierde und Zorn sind vielmehr als zwei Kräfte zu betrachten, die vom nämlichen Princip, der vegetativen Kraft, hergeleitet sind.

Auch der Ursprung des Zorns ist in der Constitution des organisirten und lebenden Körpers zu finden. Während aber die vegetative Kraft im ganzen Organismus zu suchen ist, während Lust und Unlust, Begierde nach Nahrung sich im ganzen Körper verbreitet, so hat der Zorn (Muth, Gemüth) seinen Sitz im Herzen. Zorn entsteht, wenn man uns übel behandelt oder Jemanden übel behandelt, der uns theuer ist, oder wenn wir eine Unwürdigkeit begehen sehen. Er setzt Sinnesempfindung und Vernunft voraus. Zunächst können uns gewisse Dispositionen des Körpers zornig machen, z. B. kochendes Blut, Galle. Bei kaltem Blute ist man weniger zornig. Die Menschen sind zorniger, wenn sie krank sind, als wenn sie sich wohlbefinden; wenn sie hungrig sind, als wenn sie satt sind. So ist der Zorn auf den Organismus des lebenden Körpers zu beziehen. Durch das Aufwallen des Bluts und der Galle werden Empfindungen erweckt, die ihrerseits wieder Vorstellungen hervorrufen. Diese geben der Seele Kunde vom Zustand des Organismus und disponiren sie, dasjenige anzugreifen, was das Leiden verursacht. Auf ähnliche Weise entsteht auch Zorn durch Drohungen.

Aber auch die denkende Seele bewegt ohne Disposition des Körpers zum Zorn, wenn ein Unrecht geschieht, und ruft die entsprechenden Erscheinungen im Körper hervor. Somit giebt es einen doppelten Ausgangspunkt des Zorns. Einmal geht der Zorn hervor aus der vegetativen Kraft, die, indem sie den Körper organisirt, ihn fähig macht, das Angenehme zu suchen und das Peinliche zu fliehen. Durch Hineinsetzung der Galle in den Körper hat die Natur ihm die Fähigkeit gegeben, sich in Gegenwart schädlicher Dinge zu erregen, und die Dinge, die ihn verletzen wollen, wieder zu verletzen. Dass im Körper die Hauptquelle des Zorns zu suchen ist, geht auch daraus hervor, dass diejenigen, welche den Körper verachten, weniger dahin geführt werden, sich den blinden Anreizungen des Zorns zu überlassen, dass die Pflanzen sich nicht erzürnen können, weil sie weder Blut noch Galle haben. Andrerseits hat aber auch der Zorn seinen Ursprung in der Seele. Seine Erregungen sind uns aber von der Natur gegeben worden, um das, was uns angreift und droht, zurückzustossen und unser Leben zu erhalten.

5) Ebenso kann nur die im Körper befindliche Seele sinnlich wahrnehmen, da die sinnliche Wahrnehmung der Organe bedarf. Frei vom Körper und isolirt hat die Seele ganz andere Funktionen und Beschaffenheit. Sinnlich die sinnlichen Dinge wahrnehmen heisst, die den Körpern anhaftenden Qualitäten auffassen, indem man sich ihre Formen vorstellt. Rein und isolirt kann die Seele nur das auffassen, was in ihr ist, sie kann nur denken. Soll sie etwas anderes, als sie selbst auffassen, so muss sie diesem Objecte ähnlich geworden sein, oder wenigstens das, womit sie sich vereinigt findet, der Körper, muss ihnen ähnlich geworden sein. Die reine Seele kann aber den sinnlichen Objecten nicht ähnlich werden und dieselben daher nicht erfassen.

Es genügt also nicht, dass die Seele und das äussere Object sei, damit eine sinnliche Wahrnehmung zu Stande komme, es muss ein Drittes da sein, das leidet und die sinnliche Form in sich aufnimmt. Dieses Dritte muss materiell, den äussern Objecten sympathetisch sein, und wiederum ist es nöthig, dass die Empfindung desselben von einem andern Princip erkannt werde. Das leidende Organ muss etwas vom Object, welches das Leiden hervorbringt, bewahren; es muss daher eine mittlere Natur sein zwischen dem Object, welches das Leiden hervorbringt und der Seele, zwischen Sinnlichem und Idealem, das Mittlere zwischen zwei Extremen, von der einen Seite empfangend, von der andern ankündigend. Andrerseits muss es weder dem erkennenden Subject, noch dem zu er kennenden Object identisch sein. Es muss ähnlich sein dem äussern Object, weil es leiden muss, der Seele, die erkennt, weil das $\pi\acute{\alpha}\vartheta o\varsigma$, das sie empfängt, ein $\epsilon\tilde{\iota}\delta o\varsigma$ sein muss. Somit finden Sinneswahrnehmungen durch die Organe statt. Es ist dies eine Folge des ausgesprochenen Princips, dass die vom Körper isolirte Seele kein sinnliches Object ergreifen kann.

Das Organ ist entweder der ganze Körper, wie beim Gefühl, oder ein besonderer Theil, der bestimmt ist, eine gewisse besondere Funktion zu verrichten. Erläutert kann die Natur der Organe durch die Instrumente des Künstlers werden, wobei es nicht nöthig ist, dass der Bau der Organe bei allen Thieren der gleiche sei. —

Eine unmittelbare Berührung des Organs mit dem zu erkennenden Object zum Behuf der sinnlichen Wahrnehmung scheint wohl nothwendig zu sein, doch kann die sinnliche Wahrnehmung auch aus der Ferne durch Vermittlung eines Mediums stattfinden.

Die Sinne sind zunächst zum Zwecke der Nützlichkeit dem Menschen gegeben worden. Sie sollen die Empfindungen zur Seele leiten, um uns von der einen Seite mit den dem Leben unseres Körpers zuträglichen Organismen bekannt zu machen, und andrerseits, um uns vor schädlichen Objecten zu warnen und zu hüten. Die Sinne dienen indessen auch, um Kenntnisse zu erwerben, und indem sie so im Dienst der erkennenden Seele stehen, haben sie einen höhern Zweck als beim Thiere.

Neben der äussern Sinnlichkeit besitzen wir auch einen innern Sinn ($\sigma v\nu\alpha\acute{\iota}\sigma\vartheta\eta\sigma\iota\varsigma$), durch den Empfindungen unserer innern Zustände zum Zweck der Erkenntniss unserer Seele zugeführt werden. —

Damit nun aber eine sinnliche Wahrnehmung zu Stande komme, muss die Seele nicht allein die nöthigen Organe besitzen, sie muss auch disponirt sein, ihre Aufmerksamkeit auf die sinnlichen Dinge zu richten. Ohne diese Aufmerksamkeit giebt es überhaupt keine Wahrhnehmung, und Gegenstände, welche für uns völlig interesselos, ohne Wichtigkeit und ohne Bedeutung sind, werden nicht wahrgenommen. Auch können zwei Objecte nicht in demselben Moment wahrgenommen werden. Wenn wir uns z. B. auf die Anschauung der idealen Dinge richten, so bemerken wir weder die Sinneswahrnehmungen des Gesichts noch die der andern Sinne. Insofern die eigentliche Thätigkeit der Seele nur im Betrachten der idealen Welt bestehen sollte, sind alle sinnlichen Wahrnehmungen, wie Hören, Schmecken u. s. w. wiederum als Zerstreuungen der Seele aufzulassen. — Ausführlicher ist Plotin auf die beiden Sinne, das Gesicht und das Gehör, eingegangen [3]). Er behandelt dabei die Frage, ob es beim Gesicht und Gehör eine eben solche unmittelbare Berührung zwischen dem Organ und dem Object, wie beim Gefühl, giebt, ob es eines Mitteldinges bedarf, welches diese Beziehung vermittelt, was Licht und Luft für eine Bedeutung haben? — Jedenfalls ist es überflüssig, dass der Leiter in derselben Weise afficirt sei, wie das Auge, weil die Affection des Auges genügt, auch das Mittelding, falls es dunkel wäre, nur ein Hinderniss für das Sehen abgeben würde; falls es durchsichtig sei, das Sehen nicht hindern, aber nicht zu Wege bringen würde. Auch verlangt von der über das Sehen aufgestellten Theorie nur die der Peripatetiker und Stoiker, nicht aber die des Plato und der Epikuräer ein solches Medium. Auch nach seiner eignen Ansicht hält Plotin ein Medium, das vom sichtbaren Object afficirt würde, und diese Affection auf das Auge übertrüge, nicht für nothwendig. Er erklärt das Sehen aus der Sympathie, welche zwischen dem Organ und dem Object stattfindet, und es ist nach ihm nur nöthig, dass Organ und Object in Contact gesetzt werden, damit diese Sympathie erregt werden kann, ohne dass das leitende Medium eben so afficirt wird, wie das Auge. Dieses leitende Medium beim Sehen ist das Licht. Nicht der Affectionen der Luft, durch die viele Erscheinungen unerklärt bleiben, nur des Lichtes bedarf es beim Sehen. Das Licht ist nicht ein Körper, noch eine Modification der ausgestrahlten Luft, es ist Wirksamkeit und Substanz eines leuchtenden Körpers. Es erscheint und vergeht mit ihm. Die Farbe geht hervor aus der Mischung der Wirkung des leuchtenden Körpers mit der dunkeln Materie. Als Wirksamkeit eines Körpers ist das Licht unkörperlich.

Bei der Sinnesempfindung des Tons ist die Luft nothwendig, um den Ton bis an das Ohr zu übertragen, in bestimmten Fällen auch, um ihn durch die eignen Schwingungen hervorzubringen. Töne sind eine Folge von Vibrationen der Luft. Es können indessen auch feste Körper den Ton an unser Ohr bringen. Der Unterschied

---

[3]) Enn. IV, lib. V (XXVI. capp. 78 ff. kirchh.).

der articulirten und unarticulirten Töne ergiebt sich aus der verschiedenen Wirkung der tönenden Objecte. Die Wahrnehmung des Tons, wie die Wahrnehmung der Farbe setzt also die übereinstimmende Organisation des Ohrs und der klingenden Objecte wie des Auges und der Sonne voraus, so dass eine Sympathie, wie zwischen den Theilen eines einzigen lebenden Wesens, unter ihnen stattfindet. Es folgt ferner aus dem Auseinandergesetzten, dass die sinnliche Wahrnehmung überhaupt nur unter der Voraussetzung möglich ist, dass das sinnliche Object und das wahrnehmende Subject derselben Welt angehören, und in Folge dessen Theile eines und desselben lebenden Wesens, eines und desselben Organismus sind. Wird die Continuität und die Conformität des Objects und Subjects aufgehoben, so hört die sinnliche Wahrnehmung auf, weil die Sympathie aufhört, und es folgt daraus sowohl, dass die reine Seele nicht sinnlich wahrnehmen kann, dass wir Dinge einer, unsrer Organisation fremden Welt nicht wahrnehmen können, wie der umgekehrte Schluss, dass, soweit die sinnliche Wahrnehmung des Gesichts z. B. reicht, ebensoweit die gleichen Bedingungen der Existenz gelten und die gleichen Organisationen sich finden.

Endlich weist Plotin [4]) noch einmal materialistischen Erklärungsweisen der Sinneswahrnehmung gegenüber nach, dass die Sinneswahrnehmungen nicht auf Bildern beruhen, welche der Seele von den Objecten eingeprägt werden. Er macht es vom Gesichte deutlich, dass die Thätigkeit des Sehens nicht das Bild des Objects in der Seele zur Bedingung habe, sondern vielmehr, dass es nicht darin sei, und überträgt durch Induction die nämlichen Gesetze auf die andern Sinne. Die Sinneswahrnehmung geht von Seiten der Seele durch eine Thätigkeit, eine Erkenntniss und ein Urtheil vor sich, das sich auf die vom Organe wahrgenommene Empfindung bezieht. Die Seele beherrscht das Object, anstatt von ihm zu leiden oder sich beherrschen zu lassen. Sinneswahrnehmungen sind also Thätigkeiten der Seele selbst, durch dieselbe hervorgebrachte Acte, **kein Leiden und Eindruck.**

---

[4]) Enn. IV, lib. VI, cap. 1 u. 2 (XXXVIII. Kirchh.).

Kap. III. Die Thätigkeiten der Seele, die auf der sinnlichen Wahrnehmung beruhen: Gedächtniss, Einbildungskraft, Verstand, der endliche Wille.

Wir haben nunmehr das Gebiet des eigentlichen Seelenlebens, das zwischen Denken und Sinnlichkeit in der Mitte liegt und auf der sinnlichen Wahrnehmung beruht, zu durchmessen. Es gehören in diese Sphäre:

I. das Gedächtniss und die Einbildungs- oder Vorstellungskraft, die Plotin nicht von einander sondert, sondern mit einander verknüpft,

II. Verstand oder die Fähigkeit des discursiven Denkens und

III. der endliche Wille.

Der Begriff des Bewusstseins liegt dunkel oft den Auseinandersetzungen Plotins zu Grunde, ohne dass es darüber zur rechten Klarheit kommt. Auch haben wir im Voraus zu bemerken, dass wir auf einzelne Bemerkungen Plotins beschränkt sind, und daher auf eine vollständige Auseinandersetzung der Materie von vornherein verzichten müssen. —

1. Das Gedächtniss[1]) nimmt eine mittlere Sphäre zwischen der sinnlichen Wahrnehmung und dem Denken ein; von beiden unterscheidet es sich durch seine reproductive Kraft und durch die doppelte Art seiner Thätigkeit, die sich sowohl auf die sinnliche, wie auf die ideale Welt erstreckt, während dass die sinnliche Wahrnehmung und das Denken nur in einseitiger Weise thätig sind. Daraus folgt schon, dass das Gedächtniss nicht den Substanzen zukommt, die keine Empfindung haben und ausserhalb aller Zeit stehen. Es kommt also weder Gott (dem Einen) zu, noch der Vernunft ($νοῦς$), noch dem Sein ($ὄν$), die unwandelbar und sich selbst gleich bleiben, für die es keine Vergangenheit und Zukunft, also auch kein Aufbewahren vorausgegangener Zustände giebt. Vernunft und Gedächtniss, Gedanke und Vorstellung sind durch das, den letztern anhaftende, sinnliche Element zu unterscheiden. Ebenso ist das Gedächtniss vom Bewusstsein unterschieden, denn durch das Bewusstsein denkt die Seele nur die Dinge, die sie in sich besitzt.

Auf der andern Seite ist das Gedächtniss aber nicht in derselben Weise, wie die sinnliche Wahrnehmung, von der Verknüpfung

---

[1]) Enn. IV, lib. III, cap. 25. — Enn. IV, lib. IV, cap. 7 (XXVI. Kirchh.).

der Seele mit dem Körper abhängig, sondern beruht allein auf den durch die sinnliche Wahrnehmung percipirten Vorstellungen. Die sinnliche Wahrnehmung ist gemeinsam der Seele und dem Körper; die Seele übernimmt dabei die Rolle des Künstlers, der Körper die des Instruments; er empfängt einen Eindruck, die Seele fällt darüber ein Urtheil. Das Gedächtniss indessen bewahrt allein die von der sinnlichen Wahrnehmung bereits aufgefassten Eindrücke. Es gehört also nur der Seele, nicht gemeinsam dem Körper und der Seele zu. Die Erscheinung, dass die Güte des Gedächtnisses von der Leibesbeschaffenheit abzuhängen scheint, ist kein Beweis dagegen, insofern hier der Körper nur als hindernd oder nicht hindernd, nicht aber als fördernd oder nöthig eintritt. Auch giebt es Dinge, die der Körper nicht erkennen kann, und an die sich die Seele erinnert, so dass also das Gedächtniss nicht vom Körper abhängig sein kann. Es giebt demnach Affectionen und Thätigkeiten, welche die Seele ohne Mitwirkung des Körpers nicht haben kann; sie besitzt aber auch Kräfte, deren Wirksamkeit allein von ihr abhängt, z. B. $συναίσθησις$, $παρακολούθησις$, $συνθέσις$, $σύνεσις$. Zu ihnen gehört auch das Gedächtniss. Durch Vereinigung mit dem Körper kommt die Seele zum Verlust dieses Gedächtnisses, durch Sonderung und Reinigung findet sie es wieder. Nicht Gott also, nicht der Vernunft, nicht dem Körper, nicht der dem Körper vereinigten Seele (dem $ζῶον$), der menschlichen Seele einzig und allein kommt das Gedächtniss zu.

Es giebt aber zwei Arten von Seelen, die sinnliche Seele und die göttliche vernünftige Seele, und es entsteht die Frage, welcher Seele und welcher Seelenkraft das Gedächtniss zugehört?

Mit Empfindung, mit Begierde und Zorn hat das Gedächtniss nichts zu schaffen, denn nicht dieselben Kräfte und Thätigkeiten empfinden und erinnern sich der Empfindung, Begehren und erinnern sich der Begierde. Zur sinnlichen Wahrnehmung ist das Verhältniss des Gedächtnisses folgendes: Der Act der sinnlichen Wahrnehmung ruft in der Seele ein Bild hervor. Die Einbildungskraft, die von der sinnlichen Wahrnehmung verschieden ist, besitzt das Vermögen, diese Bilder aufzubewahren und sich zurückzurufen. So bedient sich also die Einbildungskraft der Sinnlichkeit und behält die Vorstellungen davon zurück. Erhält diese Kraft das Bild des abwesenden Objects, so macht sie das Gedächtniss aus, und jenachdem das Bild längere oder kürzere Zeit bleibt, das Gedächtniss mehr oder weniger treu ist, haften unsere Erinnerungen oder verlöschen. Der verschiedene Grad des Gedächtnisses ist abhängig von Verschiedenheit der Kräfte oder von Uebung oder Abwesenheit bestimmter Dispositionen unsres Körpers, die auf das Gedächtniss Einfluss haben.

So kommt also der Einbildungskraft zunächst das Gedächtniss der sinnlichen Dinge zu. Dieselbe Einbildungskraft aber, welche die sinnliche Wahrnehmung aufbewahrt, nimmt und fasst auch die Begriffe in sich auf, deren Entwicklung aus dem νοῦς und deren Auffassung etwas unklar beschrieben wird. Vielleicht haben die λόγοι die Funktion, die Ideen auf die Einbildungskraft zu übertragen. Die Einbildungskraft setzt den reinen Gedanken in ein Bild um, und dadurch wird der Begriff Eigenthum unseres Gedächtnisses. Die Einbildungskraft, die ein Mittleres zwischen sinnlicher Wahrnehmung und zwischen Denken ist, ist also eine doppelte, eine sinnliche und ideale, oder vielmehr die Einbildungskraft entwickelt ihre Thätigkeit nach zwei Seiten hin. Diesen beiden Arten der Einbildungskraft entspricht eine doppelte Art des Gedächtnisses, über deren Zusammenhang und Unterschied je nach dem sterblichen und unsterblichen Theil der Seele Plotin Mannichfaches geschrieben hat. Er begeht dabei den Fehler, dass er die Doppelnatur der Phantasie und des Gedächtnisses in zwei getrennte Vermögen auseinanderfallen lässt, deren Einheit herzustellen er sich zwar künstlich bemüht hat, ohne dass ihm dieses gelungen wäre.

Auch für das Gedächtniss ist, wie für die sinnliche Wahrnehmung, zwischen wesentlichen und unwesentlichen Dingen wohl zu unterscheiden. Die unwesentlichen, zufälligen und gleichgültigen Dinge werden gar nicht einmal von der Wahrnehmung aufgefasst, noch viel weniger vom Gedächtniss festgehalten. Es bewahrt nur die allgemeine Kenntniss, ohne das Detail. Ferner hängen die Begriffe des Gedächtnisses mit der Zeit zusammen, so dass nur dasjenige vom Gedächtniss aufgefasst wird, was in der Zeit Bestand hat. Nur von dem, was vergangen ist, giebt es Gedächtniss. Daraus folgt denn auch, dass, jemehr die Seele die idealen Dinge denkt, desto mehr vergisst sie die sinnlichen Dinge und vermag nicht mehr dieselben sich in das Gedächtniss zurückzurufen. Die tugendhafte Seele muss vergesssam sein, nämlich in Bezug auf die Dinge der irdischen Welt. Ueberhaupt ist das Gedächtniss nur eine Thätigkeit der Seele innerhalb ihrer irdischen Erscheinung. Sie empfängt es erst beim Herabsteigen aus der idealen in die sinnliche Welt. Es ist und bleibt auf die menschliche Seele eingeschränkt und ist nur eine vorübergehende Thätigkeit derselben, die deren wahre Substanz nicht enthüllt. Uebrigens ist zu bemerken, dass auch in Bezug auf die Lehre vom Gedächtniss Plotin die psychologische Auseinandersetzung von ethischen Sätzen nicht frei zu erhalten weiss.

Plotin hat dem Gedächtniss noch eine mehr zusammenhängende Entwicklung gewidmet, deren Hauptzweck die Kritik materialistischer (stoischer) Ansichten vom Gedächtniss ist [2]).

Die Seele besitzt die Kraft, ohne etwas zu empfangen, Dinge, die ihr fremd sind, wahrzunehmen. Sie hat Beziehungen zu den idealen wie zu den sinnlichen Dingen, und weil sie eine mittlere Stellung zwischen beiden einnimmt, erkennt sie sowohl die idealen, wie die sinnlichen Dinge. Sie erkennt die idealen Dinge, weil sie in gewisser Art die idealen Dinge in sich besitzt, und zwar hat sie von ihnen eine klare Anschauung. In ähnlicher Weise verhält sie sich zu den sinnlichen Dingen; sie besitzt in sich eine Kraft, dieselben aufzulassen und eine Anschauung von ihnen zu erhalten. Wenn nun die Seele die ganze Kraft ihrer Aufmerksamkeit auf ein Object verwendet, so bleibt sie lange Zeit so afficirt, als ob das Object ihr gegenwärtig wäre, und mit je mehr Aufmerksamkeit sie betrachtet hat, desto längere Zeit sieht sie dasselbe. Dieses Aufbewahren und Aufbehalten der empfangenen Eindrücke ist zunächst das Gedächtniss. Die Kinder haben darum mehr Gedächtniss, weil sie nicht schnell ein Object verlassen, sondern vielmehr lange darauf hinblicken, und anstatt sich durch eine Menge von Objecten zerstreuen zu lassen, richten sie ihre Aufmerksamkeit einzig auf einige von ihnen. Diejenigen jedoch, deren Gedanken und Fähigkeiten sich mit vielen Dingen beschäftigen, durchlaufen sie und halten sich nicht dabei auf. Sie sind zerstreut, und ihr Gedächtniss wird durch die Menge der Eindrücke geschwächt.

Wären die Eindrücke nun wirkliche materielle Bilder, so würde ihre Zahl das Gedächtniss nicht schwächen; wenn es sie in sich eingeschlossen bewahrte, so würde es nicht nöthig haben, zu reflectiren und dieselben sich zurückzurufen, ja die Seele würde, wenn sie dieselben einmal vergessen hätte, sie nicht mehr zurück-

---

[2]) Enn. IV, lib. VI, cap. 3 (XXXVIII. Kirchh.).

rufen können. Die Uebung macht aber die Energie und Stärke des Gedächtnisses wachsen. Die Thatsache, dass man an Dinge, die man nur einmal gehört hat, sich nicht erinnert, indessen an Dinge, die man oft gehört hat, lange Zeit, zeigt genügend, dass man in der Seele die Fähigkeit des Gedächtnisses erwecken und ihr eine neue Energie geben kann. Das Gedächtniss giebt uns übrigens nicht allein die Dinge wieder, an die wir gedacht haben, es führt uns auch aus Gewohnheit eine Menge anderer Erinnerungen zu. Es genügt dabei oft, ein einziges Anzeichen zu finden, um von ihm aus sich alles Uebrige leicht zurückzurufen. Die Erhaltung sinnlicher Bilder in der Seele würde auch darum weniger die Stärke, als die Schwäche des Gedächtnisses anzeigen, weil jeder Eindruck ein Leiden ist, also die Passivität des Gedächtnisses wachsen würde. Dies ist aber das Gegentheil von dem, was stattfindet. Niemals macht eine Uebung das Wesen, welches sich ihr hingiebt, mehr geeignet zum Leiden. Da es die active Kraft der Seele ist, welche sieht und behält, so haben Greise zugleich schwache Sinneswahrnehmungen und schwache Gedächtnisse. Die Erscheinung, dass wir erst einige Zeit brauchen, um uns zu erinnern, beruht darauf, dass wir uns erst zu Herren unserer Fähigkeit machen müssen. Wir müssen uns vorbereiten, unsre Funktionen zu erfüllen und unsre Kräfte zu sammeln. Gedächtniss und Scharfsinn sind nicht immer mit einander verbunden, weil es nicht dieselbe Kraft ist, die bei beiden ins Spiel gesetzt wird.

Die Vorgänge in der Seele vollziehen sich nicht auf dieselbe Art, wie die sinnlichen Phänomene, und es ist eine Täuschung und Irrthum, zwischen beiden eine Analogie anzunehmen. So darf man sich auch Sinneswahrnehmung und Gedächtniss nicht so vorstellen, als ob dabei auf Blättern Charaktere eingezeichnet würden. Das Gedächtniss, d. h. die Kraft, empfangene Eindrücke aufzubewahren und selbständig wieder zurückzurufen, beruht wie die Sinneswahrnehmung auf einer Thätigkeit der Seele.

II. Hand in Hand mit dem Gedächtniss und der Einbildungskraft geht die Thätigkeit des endlichen Verstandes, das discursive Denken, das denselben Seelen, nämlich den menschlichen, in demselben Zustand ihrer irdischen Existenz zukommt. Das überlegende Denken findet weder statt, ehe die Seele in einen Körper eingetreten ist, noch nachdem sie denselben verlassen hat. Es gehört auch zu den vorübergehenden Thätigkeiten der Seele von rein phänomenalem

Charakter, die ihr wahres Wesen noch keineswegs ganz enthüllten und ihr auch noch nicht völlig entsprechen. Bei diesem discursiven Denken sucht die Seele zu entdecken, sie zweifelt und sucht zu lernen. Sie bedarf desselben, weil sie im Körper, ungewiss und verwirrt, weil ihre Vernunft geschwächt ist. Die Ueberlegung geht aus dem Mangel unmittelbarer Erkenntniss, aus dem Mangel an sicherm Gefühl und richtigem Takt, das Rechte zu treffen, hervor. In der idealen Welt erkennt die Seele Alles durch eine einfache Anschauung, ohne Erwägung und Ueberlegung, in Kraft eines einzigen Blickes. Ebenso bedarf die Seele in derselben nicht der Sprache und Worte, weil dort Alles unmittelbar ohne Sprache erkannt wird. Anders verhält es sich mit der Seele innerhalb der Bedingungen der sinnlichen Existenz.

Das Wesen dieser Denkthätigkeit beschreibt Plotin an einer seiner tiefsinnigsten Stellen [3]), an der er die Denkprocesse mit dem Begriffe des **Bewusstseins** zu verknüpfen bemüht ist.

Es ist Widersinnigkeit, sagt er, der Seele die Erkenntniss ihrer selbst abzusprechen, und es ist mehr als Widersinnigkeit, sie der Vernunft abzusprechen, denn es gäbe nicht Kenntniss und Wissenschaft anderer Wesen, wenn es nicht zuerst Kenntniss und Wissenschaft seiner selbst giebt. Bei der Vernunft besteht diese Selbsterkenntniss darin, dass sie die idealen Dinge betrachtet; indem sie dieselben erkennt, erkennt sie sich selbst.

Zum Behuf der Beantwortung der Frage, wie die Seele Kenntniss ihrer selbst besitzt, durch welche Fähigkeit und wie sie dieselbe erlangt, nimmt Plotin die verschiedenen erkennenden Thätigkeiten der Seele durch.

Die sinnliche Wahrnehmung beschäftigt sich nur mit äussern Gegenständen. Selbst dann, wenn sie empfindet, was im Körper vor sich geht, nimmt sie Dinge wahr, die ihr äusserlich sind. Sie nimmt Empfindungen wahr, empfunden durch den Körper, welchem sie vorsteht. — Ferner besitzt die Seele Verstandesthätigkeit. Sie beurtheilt die sinnlichen Vorstellungen, sie combinirt und theilt dieselben, sie betrachtet die von der Vernunft stammenden Ideen unter der Form des Bildes und arbeitet über diesen Bildern, wie über den von der Sinnesempfindung stammenden Vorstellungen. Sie unterscheidet diese Bilder und combinirt die übereinstimmenden.

---

[3]) Enn. V, lib. III (XLIII. Kirchh.) zu Anfang.

Die sinnliche Wahrnehmung hat einen Menschen gesehen und das Bild desselben dem discursiven Denken (διανοία) übertragen. Dieses nimmt zunächst davon Kenntniss. Es urtheilt mit Hülfe des Gedächtnisses, dass der gesehene Mensch Sokrates sei. Es theilt, was die Einbildungskraft als Ganzes überliefert hat, in seine Bestandtheile. Es sagt Prädikate aus, z. B. Sokrates ist gut; dieses Prädikat nimmt es aus sich, denn es hat die Richtschnur des Guten in sich. Es ist die Kraft und die Fähigkeit, zu begreifen.

Ueber dieser discursiven Vernunft liegt nun erhaben die reine, im eigentlichen Sinne selbstbewusste Vernunft, der wir durch den höchsten Theil der discursiven Vernunft gleichgestaltet werden. In dem Bereiche der letztern liegt auch das eigentliche Selbstbewusstsein, das Wir. Wir sind der mittlere Theil der Seele zwischen zwei Extremen: der reinen Sinnlichkeit und dem reinen Denken. Nur durch Theilnahme übrigens an der reinen Vernunft erkennt sich die Seele und setzt die Identität des Subjectes und Objectes durch das Denken. Hiermit berühren wir jedoch bereits die höchsten Fähigkeiten. —

III. Eine vollständige Theorie des Willens wird bei Plotin, wie in den meisten Psychologien, vermisst, was seine Erklärung darin findet, dass unser Philosoph überhaupt das handelnde Leben dem Erkennen gegenüber gering schätzt. Das Handeln ist nach ihm nur ein schwaches Nachbild der Theorie, zu dem diejenigen als einer Art von Surrogat greifen, welche zum Erkennen zu schwach sind. Ferner ist zu bemerken, dass Plotin den Willen nie für sich allein, sondern im Zusammenhange mit der Ethik betrachtet. So können wir den Willen in seinem Wesen allein dadurch bestimmen, dass er die Thätigkeit ist, wodurch die Seele zu den Tugenden, und zwar sowohl zu den bürgerlichen Tugenden, als zu der hohern Tugend, welche Reinigung genannt wird, gelangt; so ist das einzige Prädikat, welches Plotin dem Willen beilegt und worüber er ausführlicher gesprochen hat, das der Freiheit. Diese freilich auch mehr der Ethik als der Psychologie zugehörige Stelle wollen wir im folgenden Kapitel berücksichtigen. — Festzuhalten ist ferner, dass die Ausübung der Willensthätigkeit einzig und allein einen vorbereitenden, reinigenden Charakter hat; dass, wenn die Seele zur höchsten Thätigkeit, der intuitiven Erkenntniss nämlich, gelangt ist, sich dieselbe zum Handeln nicht mehr disponirt. Alles Handeln gehört also der mittlern Sphäre der Seelenthätigkeit an, es läutert

Begierde und Leidenschaft zur Tugend, aber es geht in der höchsten Sphäre des Seelenlebens ganz auf in den Regungen des Eros, der im Erkennen, im Ergreifen der Ideen, im Einswerden mit dem Göttlichen sich äussernden Liebe. —

Kap. IV. Das Verhältniss der Seele zur idealen Welt. Von Vernunft, Freiheit und Liebe.

Ueber der Sphäre der sinnlichen Wahrnehmung, über dem Gedächtniss, der Vorstellung, dem Verstande und dem endlichen Willen liegt in der Seele ein Bereich, in welchem Fähigkeiten in Kraft treten, durch welche dieselbe unmittelbar mit der idealen Welt in Berührung kommt. Es ist das der höhere Theil unsres Selbst, der bei der Verkörperung der Seele nicht mit in die Endlichkeit des Leibes hinabsinkt, sondern mit der idealen Welt vereinigt bleibt. Dieses höhere geistige Princip unsres Lebens ist Vernunft und Freiheit, deren Begriff wieder mit dem Begriff der Liebe zusammenhängt. Klare und vollständige Erörterungen darüber fehlen in der Psychologie Plotins. In der Kürze lässt sich jedoch darüber Folgendes sagen. —

1. Die Vernunft ist die Fähigkeit des intuitiven Erkennens. Sie denkt die idealen Dinge, indem sie sich denkt, denn die ideale Welt ist ihr immanent. Wir haben zunächst ihr Verhältniss zur göttlichen Vernunft ins Auge zu fassen; beide, die menschliche und die göttliche Vernunft, sind nicht zu identificiren, sondern die göttliche Vernunft ist über der menschlichen Vernunft, die Vernunft ist unsre besondere und eigene, denn sie bildet einen Theil von uns; sie ist aber zugleich nicht unser, insofern die Sphäre des Wir eigentlich im mittlern Theil unsres Wesens, in der Seele, zu suchen ist, so dass wir uns also zum höhern geistigen Selbst, das über uns ist, erst erheben müssen. Ferner hebt sich durch die Gleichheit des geistigen Wesens jede besondere Vernunft wieder zur Allgemeinheit der göttlichen Vernunft auf. Im Verhältniss zum Körper steht die Vernunft um willen ihrer Geistigkeit in einem Gegensatz; sie ist der höhere Theil unsres Selbst, der bei der Verkörperung nicht zugleich in den Körper mit hinabgetaucht, sondern mit der idealen Welt in Verbindung geblieben ist; das Vermittelnde zwischen der

rein geistigen Vernunft und dem sinnlichen Körper macht die Seele aus, welche den sinnlichen Leib auf vernünftige Weise gestaltet und ihm die Formen der höheren Welt einprägt. Die Thätigkeit der Vernunft besteht im Denken, jedoch fällt nur ein Bruchtheil ihres Denkens wirklich ins Bewusstsein. Nur dann, wenn wir uns gegen die höhere Welt wenden und dadurch zur Wirklichkeit werden lassen, was sonst nur der Möglichkeit nach in uns ist, setzen wir alle unsre Fähigkeiten ins Spiel und gewinnen Bewusstsein vom Inhalte unsrer Vernunft.

Der besondere Charakter des vernünftigen Denkens ist die Identität des denkenden Subjects und des gedachten Objects und die daraus folgende unmittelbare Gewissheit der Wahrheit. Die sinnliche Wahrnehmung hat ihr Object ausser sich, das Wahrgenommene unterscheidet sich vom Wahrnehmenden, die sinnliche Gewissheit hat nicht den Charakter voller Wahrheit. Der Verstand und die Vorstellung haben zwar das gedachte Object in sich, dennoch besteht auch hier ein Unterschied zwischen Denkendem und Gedachtem, und es fehlt die volle Gewissheit der Wahrheit. Der endliche Verstand zweifelt und irrt. In der Sphäre der Vernunft folgt aber aus der Identität des Sub- und Objects, dass kein Schwanken und Irren möglich ist, sondern dass unmittelbar die Wahrheit erfasst und erkannt wird. Der Inhalt der Vernunfterkenntniss ist die ideale Welt, die Fülle der Ideen. Wir gelangen zu dieser Kenntniss durch Selbsterkenntniss. Wir denken uns als denkendes, d. h. geistiges Wesen, das die Fülle der Ideenwelt in sich besitzt, wovon unser Gedanke ein Abbild ist. —

Die Art und Weise, wie die Seele diese ideale Welt in sich aufnimmt, geschieht nach Analogie der sinnlichen Wahrnehmung durch Anschauung, durch ein unmittelbares Berühren und Erfassen des Gegenstandes. Der Unterschied von der sinnlichen Wahrnehmung besteht darin, dass letztere ihren Gegenstand ausser sich hat, und dass derselbe körperlicher Natur ist, während dass die Vernunft die geistigen und ewigen Wesen selbst anschaut, und die Ideen an die Seele zur Verarbeitung und Versinnlichung durch Einbildungskraft und Verstand überträgt.

II. Auf den Begriff der Vernunft ist der Begriff der Freiheit zurückzuführen [1]). Das von Plotin aufgeworfene Freiheits-

---

[1]) Enn. VI, lib. VIII, cap. 1—7 (XXXVI Kirchh.).

problem ist ein theologisches. Er fragt nach dem Wesen der göttlichen Freiheit, und um diese Frage zu beantworten, erörtert er, ob die Freiheit auch dem Menschen zukomme und worin dieselbe bestehe? Plotin macht zunächst einige Unterschiede im Freiheitsbegriff. Frei sind die Handlungen, die wir unabhängig von fremden Einflüssen, wie z. B. Glück, Schicksal und Leidenschaft, ausführen. Der erläuterte Begriff ist der der Freiwilligkeit. Freiwillig ist Alles, was wir ohne Zwang machen, mit dem Bewusstsein, es zu machen. Zur Freiwilligkeit gehört Kenntniss des Ganzen und des Einzelnen. Davon ist die Fähigkeit, dasjenige zu thun und zu lassen, dessen wir Meister sind, noch zu unterscheiden. Beide entwickelten Begriffe können vereinigt sein, ohne dass dieses nothwenig ist. Es kann Jemand im Stande sein, etwas zu thun und es auch ausführen, ohne dass seine That freiwillig ist, wenn nämlich das Bewusstsein der That fehlt.

Untersuchen wir nun den Zusammenhang der Freiheit mit den verschiedenen Seelenthätigkeiten, so hängt sie nicht von der Sinneswahrnehmung ab. Letztere beschränkt sich auf das Erkennen, macht uns aber nicht zu Herren über etwas. Die Freiheit hat auch nichts mit Begierde und Muth zu schaffen, sonst müssten wir die Freiheit den Wilden, den Kindern, den durch Magie bezauberten Menschen zuschreiben, denen doch das liberum arbitrium fehlt.

Freiheit hat auch nichts mit der Einbildungskraft zu schaffen, die durch die Leiden des Körpers erregt wird, dessen Bedürfnisse empfindet, zur Vorstellung bringt und das Verlangen danach erweckt; solche durch Vorstellungen erregte Begierden widersprechen aber der Freiheit, und wir sprechen nur demjenigen Freiheit zu, der von den Leidenschaften des Körpers befreit ist.

Auch ist Freiheit nicht dem suchenden und irrenden Verstande zuzuschreiben, sondern nur dem rechten Verstande.

Endlich Freiheit kommt nur dem Willen zu, der Wille hängt aber von der Vernunft ab, wir fügen hinzu, der von Bewusstsein begleiteten Vernunft, denn frei ist man nur, wenn man weiss, warum unsre Entscheidungen und Handlungen gut sind. Kommen wir durch Zufall oder sinnliche Vorstellungen selbst zu einer guten Handlung, so können wir dieselbe doch keine freie nennen. So gehört also die Freiheit dem Theil unsres Wesens an, der in seiner Thätigkeit nur durch Vernunft bestimmt wird.

Anders kann auch die Freiheit als das Handeln gemäss der Natur bestimmt werden. Der Widerspruch, der darin zu liegen scheint, dass wir frei sind, wenn wir unsrer Natur folgen, ist nur ein scheinbarer, und das Entfalten der eignen Fähigkeiten ist keine Nothwendigkeit, die der Freiheit widerspräche. Die eigne Natur und das eigne Wesen zieht uns zum Guten, sonach ist Freiheit das Streben und die Hinneigung des Wesens zu seinem Guten; Knechtschaft aber besteht in der Abwendung vom Guten und in der Unfähigkeit, ihm zustreben zu können.

Die Freiheit findet sich in der Vernunft, insofern sie denkt, ebenso in der Seele, die ihre contemplative Thätigkeit auf die Vernunft, ihre praktische auf die Tugend richtet. Zur Freiheit der Handlung gehört nicht unumgänglich die wirkliche Ausführung derselben, weil wir deren nicht immer Herr sind, und weil dieselbe von zufälligen Umständen abhängen kann. Der Wille und die Ueberlegung, die der Thätigkeit vorangehen, sind unabhängig; die Ausführung und Ausübung der Thätigkeit selbst sind äussern Bedingungen unterworfen. Die Freiheit besteht also in einem Zustand und einer Disposition der Seele. Tugend ist eine Art von Vernunft, sie erhebt die Seele in den Bereich der Vernunft. Freiheit ist daher auch Befreiung von der Ausübung der Thätigkeit. Freiheit bezieht sich auf die innere Activität, auf den Gedanken, auf die Betrachtung der Tugend. Der Wille ist auf den Gedanken zurückzuführen. Auf Vernunft und Tugend, als dem höhern Princip unsrer selbst, ist unser freier Wille und unsre Unabhängigkeit zu beziehen. Vernunft und Tugend regelt die Seele und macht sie frei. —

Zusammenfassend können wir also sagen: Die Vernunft ist frei durch sich, die Seele wird frei durch die Vernunft, wenn sie sich auf das Gute ohne Hinderniss bezieht. Die Freiheit besteht in der innern Activität, in dem Gedanken, in der Contemplation der Tugend. Sie kommt der Vernunft zu, weil sie ihre eigne Funktion ganz in sich bleibend erfüllt. Der Wille ist eine Art von Gedanken, sein Ziel ist das Gute. Die Vernunft, auf das Gute gerichtet, lebt nach seinem Willen. Wir, die menschlichen Seelen, verdanken unsre Unabhängigkeit und Freiheit der Tugend und Vernunft. Unsre Freiheit äussert sich darin, dass Dinge nach unserm Willen stattfinden oder nicht stattfinden. —

III. Mit dem Begriff der Freiheit hängt der Begriff der Liebe zusammen, diese nämlich gefasst als eine menschliche Begierde und

Empfindung, nicht als Dämon oder als ein Gott. Durch beide Begriffe (Freiheit und Liebe) wird aber der Uebergang aus der Psychologie in die Ethik gemacht ²).

Der Zusammenhang zwischen beiden Begriffen wird durch den Begriff des Guten hergestellt. Frei ist der Wille nur durch das Gute, und die Liebe ist als die Begierde nach dem Guten und Schönen zu definiren. Sie richtet sich auf ein schönes Object und ist verschieden, je nachdem sie dem höhern oder niedern Theil der Seele zugehört.

Als sinnliche Liebe ist die Liebe die Begierde, sich mit einem schönen Object zu vereinigen und in der Schönheit ein Schönes zu zeugen. Eine höhere Stufe ist es bereits, wenn sich der Liebende am Anblick und der Betrachtung des Geliebten genügen lässt.

Die ideale Liebe ist die Begierde, die ideale Welt zu betrachten und an der himmlischen Schönheit sich zu erfreuen. Sie richtet sich auf das absolut Gute, nach welchem die Weisen streben. Die nähere Beschreibung des Weges der Befreiung vom Irdisch-Schönen und der Erhebung zum Himmlisch-Schönen gehört der Ethik zu, die vollständige Erörterung über die Liebe aber theilweise in die Physik theilweise in die Theologie. —

---

²) Enn. III, lib. V, cap. 1 (XIV. Kirchh.). Zur Rechtfertigung unserer Dreitheilung der Seele ist noch zu vergleichen: Enn. VI, lib. VII (XXXV. Kirchhoff), cap. 5 — 7.

Dritter Theil.

Von der Unsterblichkeit der Seele und ihrem Zustande nach dem Tode.

Ueber die Unsterblichkeit der Seele und die Fortdauer derselben nach dem Tode mögen wenige Bemerkungen genügen [1]).

Die Unsterblichkeit der Seele folgt als eine Consequenz aus der Lehre von der Substanz der Seele. Da die Seele von sich selbst das Leben besitzt und nicht im Stande ist, zu Grunde zu gehen, so folgt, dass sie unsterblich ist, zumal das Leben in der Seele nicht wie ein dazutretendes Princip sich findet, das in Verbindung mit einem materiellen Substrat das Leben ausmacht. Wie man sich aber auch das innere Verhältniss von Leben und Seele denken mag, es folgt immer, dass es eine in Wahrheit lebendige und unsterbliche Natur geben muss. Nimmt man die Vergänglichkeit der Seele an, so wäre das ganze Weltall schon lange zu Grunde gegangen. Wird die Unsterblichkeit der Weltseele zwar behauptet, die Unsterblichkeit unserer Seele aber geläugnet, so findet man für diese Unterscheidung keinen vernünftigen Grund, denn jede der beiden Seelen ist ein Princip der Bewegung, jede lebt durch sich selbst, jede geniesst derselben Anschauung und Erkenntniss der ersten Principien und des Seienden. Die Seele aber, die das Absolute und Ewige denkt, sei es durch Begriffe, die ihr a priori immanent sind, sei es durch Rückerinnerung, ist unendlicher und unsterblicher Natur.

Ebenso wie aus der Idee der Seele, als dem Princip des Lebens und der Bewegung, die Unsterblichkeit der Seele folgt, so folgt die letztere auch aus der Einfacheit der Seele. Da sie nicht zusammengesetzt ist, so kann sie sich auch nicht wieder auf dieselbe Art auflösen, wie sie zusammengesetzt wurde. Die Seele kann

---

[1]) Enn. IV, lib. VII, cap. 9 u. ff. (H. Kirchh.)

nicht zu Grunde gehen, da dieselbe nicht in eine Zahl von Theilen zertheilt werden kann. Ebenso kann die Seele nicht durch Veränderung der Vernichtung anheim fallen. Veränderung geht so vor sich, dass, indem die Materie bleibt, die Form eine andere wird, so dass allein ein zusammengesetztes Wesen sich verändern kann. Kann aber die Seele als einfache auf keine dieser Arten, weder durch Auflösung, noch durch Theilung, noch durch Veränderung zu Grunde gehen, so folgt, dass dieselbe ein unsterbliches Wesen ist. Auch aus der Aristotelischen Ansicht der dreiartigen Seele lässt sich nicht folgern, dass die Seele zusammengesetzt und sterblich sei.

Es wird aber nicht allein die Unsterblichkeit der Weltseele und der Menschenseele, sondern auch die Unsterblichkeit der Thierseele behauptet. Denn auch diese Seelen entstammen der lebendigen Natur, haben selbst in sich das Leben und bilden den Grund des Lebens lebendiger Körper. Dasselbe, wie von der Thierseele, gilt von der Pflanzenseele; nichts von dem wahrhaft Scienden geht zu Grunde. —

Zu den Vernunftbeweisen fügt Plotin Erfahrungsbeweise für die Unsterblichkeit. Er verweist auf die Geschichte, beruft sich auf den Todtencultus und zeigt, dass die abgeschiedenen Seelen durch Orakel und den Segen, den sie verbreiten, ihren Einfluss geltend machen und ihr unsterbliches Dasein beweisen. —

Wenn die Seele den Körper verlässt, so bleibt noch eine Spur von ihr in demselben zurück, aber auch diese Spur verliert sich bald, indem das Leben zur Quelle zurückgeht, von der es ausgegangen war. Der Tod ist die Befreiung von den Banden des Körpers, Sonderung der Seele, mit ihm hört die Funktion der niedern Seelenthätigkeiten auf.

Ueber den Zustand der Seelen nach dem Tode ist Folgendes zu merken [2]):

Die Seele bleibt nach dem Tode in einem Bereich, der fähig ist, dieselbe aufzunehmen, und folgt dorthin, wo sie gemäss ihrer Natur wiedergeboren werden und existiren kann. Der Unterschied der verschiedenen Aufenthaltsörter der Seelen ist durch die sittliche Beschaffenheit und durch die göttliche, Alles beherrschende Gerechtigkeit bedingt. Da das göttliche Gesetz unabänderlich ist und gerechte Urtheilssprüche fällt, so kann keine Seele, die Unrecht gethan

---

[2]) Enn. IV, lib. III, cap. 24 (XXVI. Kirchh.).

hat, der Strafe entfliehen. Wider seinen Willen wird der zur Strafe bestimmte Mensch wie durch Zaubermacht zum Strafort hingezogen, giebt endlich den unnützen Kampf gegen das ihm bestimmte Loos auf und unterzieht sich durch eine freiwillige Bewegung des unfreiwilligen Leidens. Grösse und Dauer der Strafe schreibt das Gesetz zu. Endlich, in Folge der in der Welt herrschenden Harmonie, trifft das Ende der Strafe mit der Fähigkeit zusammen, welche die Seele erhält, den Ort, an welchem sie sich bisher aufhielt, zu verlassen. —

Die Seelen, welche noch nicht vom Körper gesondert sind, fühlen die Strafen, die sie treffen durch ihren Körper, denn Plotin lehrt eine Wanderung der Seele durch verschiedene Körper, als eine Bestrafung der Seele. Die Beschaffenheit der Leiber (Pflanzenleib, Thierleib, Menschenleib), so wie der Aufenthaltsort ist von der Beschaffenheit der Seele abhängig. —

Die vom Körper gesonderten und befreiten Seelen ruhen in der idealen Welt, in Gott. Dort richtet sich ihre ganze Aufmerksamkeit auf die in der idealen Welt vorhandenen Substanzen und darüber vergessen sie alles Irdische, weil die Seele in einem Moment nur von einem Dinge ausgefüllt werden kann. Jene idealen Substanzen sind immer vollständig der Seele gegenwärtig, sie werden nicht der Reihe nach durchlaufen. Da in der idealen Welt keine Theilung stattfindet, so besitzt die Seele Alles zu gleicher Zeit, und die Gesammtheit der idealen Dinge wird durch eine einzige Intuition ergriffen.

Auf der andern Seite erfasst das Denken auch wieder die Mannigfaltigkeit und Verschiedenheit der einzelnen Theile. Wenn der Gedanke bei dieser Mannigfaltigkeit das Früher oder Später unterscheidet, so geschieht das nicht unter dem Gesichtspunkte der Zeit, sondern unter dem Gesichtspunkte der Ordnung. Da das Gedächtniss sich überhaupt mehr nur auf die zeitlichen Dinge bezieht, so soll in der idealen Welt auch die Selbsterinnerung aufhören, weil der Mensch, aufgegangen in die Betrachtung der idealen Welt, nicht mehr zu sich durch den Gedanken zurückkehrt. Die Individualität des Menschen erlischt in der Allgemeinheit der idealen Welt. In diesem Zustande erfasst die Seele im Selbstbewusstsein das All der seienden Dinge und durch die Anschauung der Dinge erfasst sie sich selbst.

Nicht das vegetative, nicht das sensitive, nur noch das geistige Leben hat in der Seele Bestand, die zu Gott zurückgekehrt ist. Es erlischt Wachsthum, Ernährung, Sinneswahrnehmung, Gedächtniss, Vorstellung, Verstandesthätigkeit [3]), Sprache. Es bleibt nur die Anschauung des Unendlichen und Ewigen und sein Genuss durch das Denken. Dadurch ist die Seele völlig frei und vollendet, sie geht zurück in den Ursprung, aus dem sie entstammte und dem sie zustrebt, in Gott, — und hat damit das höchste Ziel ihrer Bestimmung erreicht. —

Literarische Notizen.

1. Ueber die Psychologie des Plato ist zu vergleichen: *Marsilius Ficinus*: Theologia Platonica. Paris, 1559;
unter den zahlreichen neuern Abhandlungen:
F. Susemihl: Ueber Zweck und Gliederung des Platonischen Phaedo in Philologus 1850. p. 385—413.

2. Ueber die Psychologie des Aristoteles vergleiche: De anima libri tres ed. *A. Trendelenburg*. 1833; und die Schriften von *Deinhardt*. Hamburg, 1840 und *W. F. Volkmann*. Prag 1858.

3. Ueber stoische Psychologie weiss ich nur von einer Abhandlung von *Meiners*: Vermischte Schriften. 1776. Bd. II. p. 265.

4. Die neu-platonische Psychologie ist meines Wissens noch nie monographisch abgehandelt. Eine Kritik der wesentlichsten Fehler der Psychologie Plotins, namentlich der Lehre von der Praeexistenz, dem Herabsteigen der Seele in den Körper, der Seelenwanderung findet sich in: $\mathcal{A}ντιθητικὸς πρὸς Πλωτῖνον$ (ed. Creuzer in Plotini liber de Pulchritudine. Heidelberg, 1814. p. 407 ff. und Plotini opera. Oxon., 1835. Vol. II. p. 1413 ff.) und *Aeneas v. Gaza*: $Θεόφραστος$ (ed. C. Barth. Lipsiae, 1855). —

[3]) Enn. IV, lib. IV, cap. 18